AF592053

L'ILE DE LA RÉUNION
en
1889

Son Industrie Agricole

HISTORIQUE, ETAT ACTUEL, PROGRÈS. AVENIR.

PAR

Ed. Du Buisson

Gorges de Salazie

TYPOGRAPHIE GASTON LAHUPPE & Cie
18, Rue de l'Église, Saint-Denis (Réunion)

L'ILE DE LA RÉUNION

en

1889

SON INDUSTRIE AGRICOLE

Historique
État actuel

Progrès
Avenir

PAR

M. Ed. DU BUISSON

Président du Comice central de Saint-Denis
Vice-Président de la Chambre d'Agriculture
Secrétaire du Comité central d'Exposition

Publié sous les auspices du Comité central d'Exposition de Saint-Denis.

SAINT-DENIS
TYPOGRAPHIE GASTON LAHUPPE & Ce
48 — Rue de l'Eglise — 48

1889

DÉDICACE

A M. EDOUARD MANÈS

GOUVERNEUR DE L'ILE DE LA RÉUNION

Monsieur le Gouverneur,

Au moment où vous avez remis le pied sur le sol natal pour prendre possession de la haute position par laquelle vous couronnez une carrière administrative aussi brillante pour vous que flatteuse pour vos compatriotes, le Comité central d'Exposition travaillait déjà à préparer l'envoi des produits de la Réunion à l'Exposition de 1889. Il avait à cœur d'attirer l'attention de tous sur les ressources agricoles et industrielles du Pays, sur les généreux efforts de ses habitants en vue de relever la fortune publique et sur les progrès accomplis depuis dix ans dans la production de la Colonie.

Largement encouragés par l'Administration supérieure, le président du Comité central, M. J.-B. Buroleau, et le délégué spécial, M. J. Potier, aidés des sous-commissions, se sont acquittés de leur difficile mission avec un zèle et un dévouement dont vous avez pu constater les résultats : les envois de la Réunion en témoigneront avec éloquence.

Mais il a semblé au Comité central que pour appeler plus efficacement l'attention du public sur les produits de la Colonie, il faudrait que ceux-ci fussent accompagnés d'une publication dans laquelle les industries agricoles de l'ile seraient étudiées sous une forme telle, que le lecteur y trouvât un guide utile qui le mit au courant du passé, du présent et de l'avenir des cultures formant la base de la richesse de notre Colonie.

Cette tâche, offerte à ma bonne volonté, je l'ai acceptée et je l'accomplis de mon mieux. Puisse le résultat de mon travail être jugé avec bienveillance, car je n'ai osé l'entreprendre que sous l'impulsion du désir d'être utile à mon Pays dont l'avenir agricole est l'objet de ma constante préoccupation.

J'espère, du moins, que ces pages, à défaut d'autres mérites, pourront faire partager par mes compatriotes la confiance que j'ai dans le relèvement de la Colonie par les progrès de l'agriculture et que la jeune génération sera entrainée à prendre une part active à ce relèvement.

Pour obtenir un pareil résultat, mon

nom avait besoin d'un appui solide : la bienveillante sympathie dont vous avez bien voulu m'honorer m'enhardit à mettre ce volume sous votre haute protection et à vous prier d'en accepter la dédicace.

Croyez, Monsieur le Gouverneur, à ma vive reconnaissance et agréez l'expression sincère de mon respectueux dévouement.

ED. DUBUISSON.

AVANT-PROPOS

Un historien colonial (1) a pu écrire avec raison, en 1862 que « à l'île de la Réunion, parler d'agriculture, c'est s'occuper de la culture de la canne ». En effet, ses habitants avaient tout sacrifié à l'industrie sucrière : girofleries, caféries, cultures vivrières. Cette industrie avait enhardi les grands propriétaires à élargir leurs domaines en payant fort cher les terrains des prolétaires, et jusqu'aux plus beaux vergers d'arbres fruitiers, tout avait fait place à la canne à sucre.

Ce n'était pas assez ; ni l'aridité des pentes, ni les altitudes disproportionnées aux exigences de la canne n'arrêtaient leur ambition ; il fallait des terres, coûtent que coûtent, et ce que l'argent ne pouvait faire naître, on le demanda à la hache et au feu. La canne envahit jusqu'aux forêts des hauts.

Le même historien s'est posé alors cette question : « L'envahissement de la canne, qui fait maintenant la fortune de la Colo-

---

(1) Maillard. Notes sur l'île de la Réunion.

nie, est-il un bien, est-il un mal? » Voici la réponse qu'il s'est faite à lui-même :

« Nous désirons ne pas être prophète et « voir prospérer toujours le pays où nous « avons passé les 26 plus belles années « de notre existence, mais nous restons « convaincu que tôt ou tard la culture de « la canne disparaîtra ; on pourrait même « citer telle localité, par exemple les ter- « res situées entre Saint-Denis et la Pos- « session, qui autrefois étaient couvertes « de caféiers que l'on a détruits pour y « planter des cannes et où cette culture « est déjà devenue impossible par suite « de l'entraînement par les eaux de toute « la couche végétale. »

***

Certes, M. Maillard a poussé trop loin ses prévisions, en disant que la culture de la canne disparaîtrait, mais il est certain qu'à l'heure actuelle, une superficie très considérable de terres a dû être abandonnée par l'industrie sucrière et se trouve, par ce fait, condamnée à une dépréciation complète.

La canne à sucre n'est aujourd'hui et ne sera de plus en plus exploitée que dans les terres d'alluvion du littoral, et dans celles de la région moyenne ; elle descendra peu à peu des hauteurs exagérées où elle ne rencontre plus un sol assez chaud pour lui permettre de lutter contre une température trop basse.

Il fallait, pour compenser l'abaissement du chiffre de notre production sucrière, qui résulte de la réduction des surfaces cultivées, chercher de nouvelles sources de revenus agricoles, en étudier l'économie et en faire l'application aux besoins du pays, c'est-à-dire à l'exploitation du sol abandonné par la canne. C'est la marche accomplie dans ces recherches, ce sont les résultats déjà acquis dans cette marche, que l'Exposition de 1889 est appelée à mettre en relief, et vers la constatation desquels nous voulons conduire nos lecteurs.

Le mouvement en avant vers la conquête de toutes les industries agricoles dont l'exploitation semble indiquée par les conditions naturelles du climat si varié de notre île, n'a encore dit que son premier mot sous l'impulsion de quelques hommes de progrès et d'initiative ; il s'accentuera de plus en plus et la fortune du pays subira bientôt l'heureuse influence d'une décentralisation agricole devenue urgente.

⁂

Parmi les moyens économiques qui font l'objet de l'étude la plus sérieuse et qui depuis cinq ans ont fait les progrès les plus importants, il faut citer l'emploi des instruments aratoires attelés.

La mise en pratique du labour, si longtemps proscrite, et encore trop discutée dans la Colonie, est en voie de se généraliser enfin au grand profit de l'agriculture, qui peut voir avec elle s'ouvrir une ère économique nouvelle.

Certes, nous n'entendons pas ici jeter le discrédit sur la méthode de culture de M. J. Desbassyns, qui a donné pendant longtemps de si beaux résultats, et qui fut le fruit d'une étude aussi judicieuse que savante des conditions de végétation de la canne dans la Colonie à une autre époque; mais si cette méthode a répondu aux exigences d'une situation très tendue, alors que le sol, exploité sans aucune considération pour sa constitution chimique, se refusait aux exigences de ses propriétaires, nous constatons que les ressources qu'elle offre sont devenues, de nos jours, insuffisantes pour conserver à la production un sol tassé par le pic et devenu imperméable à l'humidité par cinquante années de cultur sans labour.

Il nous serait facile de citer ici des propriétaires qui obtiennent aujourd'hui de très belles cannes sur des terrains abandonnés depuis longtemps pour infertilité absolue, et sur lesquels les mauvaises herbes elles-mêmes ne trouvaient plus aliment. Il a suffi d'un labour pour rendre à ce sol durci toute sa fertilité, qui ne fera, grâce à la nouvelle méthode désormais employée, qu'augmenter au lieu de décroître.

Lorsqu'en 1878, la croix de la Légion d'honneur récompensait notre ami Léonce Potier de sa persévérance à prêcher depuis vingt ans l'emploi des instruments aratoires, il était admis que jamais le triomphe de ses idées ne viendrait justifier cette distinction. Depuis lors, quel pas gigantesque a fait la question du labour ! Le zèle de l'apôtre ne s'est pas ralenti, mais aujourd'hui son rôle est changé : il ne prêche plus, il enregistre les convertis que chaque jour voit entrer dans la bonne voie, et enregistre sans trêve ni défaillance. Ses publications en font foi.

*
* *

Mais les avantages de la reconstitution du sol ne sont pas les seuls qui ressortent de l'emploi des instruments aratoires partout où ils peuvent fonctionner : ceux-ci procurent une économie énorme de bras de travailleurs, en même temps qu'une augmentation très importante de production du fumier par les bœufs de labour, et la combinaison de ces deux éléments conduit à un abaissement sensible du prix de revient des produits.

Tous les préjugés sur lesquels s'appuyait la routine pour proscrire les instruments aratoires tombent un à un devant l'expérience, et bientôt la Colonie ne verra plus le pic entre les mains du cultivateur que là où la constitution du sol se refusera à l'emploi de la charrue, et la superficie des terres arables est bien plus grande que beaucoup d'habitants ne le supposent par inexpérience. Et encore, pouvons-nous constater déjà que des propriétaires convaincus par leur propre expérience, n'hésitent pas à entreprendre les travaux d'épierrement les plus pénibles et les plus dispendieux pour s'assurer le bénéfice du labour dans des terres stérilisées.

De cet état de choses et des faits que nous venons de signaler, il est résulté que malgré une production restreinte à une moyenne de 30 à 35 millions de kilog, pendant les dix dernières années, nous pouvons affirmer que l'industrie sucrière a travaillé à son relèvement en traversant une crise épouvantable, qui n'est pas encore complètement conjurée, mais dont les hommes laborieux et convertis aux méthodes nouvelles voient désormais avec confiance passer les dernières étapes.

TABLEAU

Des différents climats de l'Ile de la Réunion suivant les localités

(D'après les notes fournies par M. P.)

L'Ile de la Réunion a été comparée à un énorme rocher en forme de pain de sucre, de 3,200 à 3,300 mètres d'élévation. Cette comparaison prise à la lettre donnerait une fausse idée de la réalité, car elle laisserait supposer qu'il n'existe pas de plaines dans notre île, tandis que nous en avons d'aussi fertiles qu'étendues. Si, sur quelques points, les montagnes bordent le rivage et sont battues par les lames, la plus grande partie de la circonférence de l'Ile est formée par un pays plat qui s'étend sur une largeur de 2 à 5 kilomètres; néanmoins ces terres, sauf celles d'alluvion, offrent une pente de plus en plus sensible à mesure qu'on approche de la montagne. Pour suivre la comparaison du pain de sucre, divisons ce cône en deux zones; dans la partie élevée il règne un froid qui va jusqu'à la glace en hiver, et où la végétation est très pauvre; la zone inférieure présente une région de terres défrichées et cultivées, dont la plus grande étendue est de

14 kilomètres, mais qu'on ne peut porter en moyenne à plus de 8 à 9 kilomètres.

La comparaison du pain de sucre devait originairement être exacte, car toutes les plaines sont des terrains d'alluvion, ce qui est évident pour celles d'une grande étendue, toujours situées sous le vent de nos principales rivières, telles que la Pointe des Galets, le plateau de Saint-Louis et le Champ-Borne, dont les terres ne sont que des dépôts de sable et de galets ; et c'est une circonstance digne de remarque, qu'à côté de ces plateaux se trouvent des bassins qui ont tous les caractères des ports ensablés mêlés de vase : tels sont, à Saint-Louis, les belles terres du Gol, à Saint-Paul, l'emplacement et les environs de la ville, à Sainte-Suzanne et Saint-André, le magnifique plateau du Quartier-Français. Nous ajouterons à l'égard du Bras-Panon, qu'il a été formé par les apports de la rivière des Marsouins, presque égale en volume à celles qui prennent leur source au pied des pitons du centre de l'Ile. Nous n'exceptons pas de l'origine d'alluvion les belles terres de la Mare et de la Rivière des Pluies, qui paraissent de formation plus ancienne, car on y retrouve les caractères de roches roulées et de sable, en fouillant même jusqu'à 30 et 40 pieds de profondeur.

Il résulte de cette élévation progressive du terrain qu'à mesure que l'on s'éloigne du rivage, la température devient plus fraiche, les pluies plus fréquentes, les rosées plus fortes; les temps couverts ont plus de durée dans cette partie supérieure de l'Ile et y conservent l'humidité. Le climat se modifie sensiblement par distance de 500 toises; toutefois, dans les localités où la déclivité du terrain est moins prononcée, il faut parcourir un espace de 700 toises pour éprouver un changement notable. A chacune de ces différences de température correspond une modification dans les espèces ou les variétés de plantes ainsi que dans l'époque des semailles et le mode de culture. Pour ne citer ici qu'un exemple de cette variation graduelle de la température et de ses effets à l'égard de la végétation, nous dirons que près de la mer, le maïs ne demande que cinq mois au plus pour être récolté, tandis qu'il lui faut de huit à neuf mois à l'extrémité opposée de la région cultivable.

Saint-Denis, chef-lieu de la Colonie, est au Nord de l'Ile, au pied d'une chaîne de montagne courant à l'Est et au Nord et qui se termine à la mer par un rempart accore de 200 mètres de hauteur. Cette coupée s'étend sur un espace de 12 kilomètres environ jusqu'à la Possession, qui fait partie de la commune de Saint-Paul. Toute la partie Est reçoit les vents alisés du Sud-Est, qui soufflent presque sans interruption de juin en octobre, tandis que la partie opposée jouit habituellement du calme interrompu rarement par des vents d'Ouest.

Si l'île était parfaitement ronde, eu égard d'ailleurs à la hauteur des montagnes, le côté soumis à l'action du vent devrait être égal en étendue à la partie constamment calme ; mais l'île s'allonge vers l'Est-Sud-Est et la côte forme une ligne droite au Grand-Brûlé ; il en résulte qu'une portion de côte plus considérable se trouve exposée au vent du tropique et que, par conséquent, la région venteuse est bien plus étendue qu'elle ne le serait si l'île figurait exactement un cône tronqué à son sommet.

En effet, les vents généraux frappent à la tête de l'île, balaient le Brûlé, Sainte-Rose, Saint-Benoit, Saint-André, Sainte-Suzanne, Sainte-Marie, Saint-Denis, s'arrêtent de ce côté, au Goufre, situé à 5 kilomètres environ à l'Ouest de Saint-Denis, et soufflent de l'autre côté sur Saint-Philippe, Saint-Joseph, Saint-Pierre, Saint-Louis, et une partie de Saint-Leu jusqu'au lieu dit le Portail. La portion soustraite à l'action des vents alisés ne comprend donc que la Possession, Saint-Paul et Saint-Leu, et n'offre guère qu'une étendue de 55 à 60 kilomètres sur les 220 kilomètres que mesure la circonférence de l'île. (Bien que la route de ceinture ait 232 kilomètres de développement.) Dans cette partie, protégée contre les vents généraux par les montagnes qui s'élèvent au S. S.-E. et par la chaîne qui s'étend entre Saint-Denis et la Possession, il règne pendant le jour une légère brise du large et la nuit celle de terre. La brise ordinaire de S. E. entraîne avec elle des nuages chargés de pluie qui se déchargent d'abord dans la partie E. et S. E. de l'île. A mesure qu'ils avancent vers Saint-Denis, ils contiennent naturellement moins d'eau ; voilà pourquoi, vers le centre de la commune de Sainte-Marie, les pluies étant moins abondantes, l'époque des plantations, depuis Saint-Denis jusqu'au 12e kilomètre à l'Est, est retardée par rapport à celle que l'on observe au-delà de cette limite. Le centre de la région pluvieuse peut être placé entre la rivière du Mât et le Grand Pays Brûlé. Là il se passe rarement huit jours sans un grain de pluie, même pendant l'hiver, qui est pour nous la saison sèche ; il pleut plus souvent la nuit que le jour, et les pluies sont précédées et suivies de soleils d'autant plus ardents que l'air est chargé d'une plus grande humidité, qui augmente l'activité des rayons solaires.

Dans la région abritée, que nous avons déterminée plus haut, la sécheresse est permanente ainsi que le calme ; la pluie n'y tombe jamais pendant les nuits, qui sont d'une pureté et d'une magnificence rares. C'est là surtout qu'on ressent pour la végétation le bienfait du calme parfait accompagné de fortes rosées, outre les temps couverts qui voilent les rayons du soleil depuis onze heures ou midi jusqu'au soir. La sécheresse s'y prolonge ordinairement sans interruption depuis avril jusque fin d'octobre à novembre. Elle dure quelquefois de 8 à 9 mois, et nuit alors aux grandes cultures ; mais si la période pluvieuse se termine en mars, sauf quelques grains d'un quart d'heure qui peuvent survenir en août, c'est une saison normale particulièrement favorable à la végétation des légumes, dont les plus beaux, les meilleurs et les plus abondants proviennent de ces localités. Certains fruits réussissent mieux que dans la partie du Vent. Il faut enfin ajouter que malgré les grandes sécheresses, les cannes y sont aussi juteuses qu'ailleurs, la densité du vesou y est tout au plus d'un degré au-dessous de celui qu'elle atteint dans les localités où il n'y a excès ni de pluie ni de sécheresse.

Dans cette partie de l'île, la zone de terre cultivée est diminuée d'environ 3,500 mètres à partir du bord de la mer, parce que même dans le fort de la saison des pluies, on n'est jamais certain qu'elles durent assez pour nourrir les plantes depuis la plantation jusqu'à la maturité.

Ces terres forment d'assez pauvres pâturages ; c'est là qu'on cultivait autrefois le coton avec le plus de succès avant que le ver qui détruit la gousse eût paru et eût tari cette source de richesse coloniale. Quand ces savanes étaient couvertes de forêts ou de lataniers, les pluies étaient plus fréquentes dans les régions supérieures ; Saint-Paul, préservé des fortes brises et des pluies torrentielles qui appauvrissent le sol des quartiers exposés au vent, était alors la localité la plus fertile de la Colonie, il ne faudrait peut-être que reboiser ses savanes pour lui rendre son ancienne supériorité.

Avant d'en finir avec cette portion de l'île, disons que placée comme elle l'est en dehors de l'action des vents alisés, le climat n'en est subordonné pour ainsi dire qu'à l'influence des moussons. Pendant que la mousson du N. E. et celle du S. O. sont dans toute leur force, la première ne fait que rendre la sécheresse plus intense, et la seconde ne procure que quatre à cinq mois de pluie à ces quartiers, qui jamais avant la fin d'octobre ne sont favorisés d'une forte pluie. L'époque de l'ouverture de la mousson varie de la fin d'octobre au 27 décembre. On a observé que, si les pluies commencent dès le mois d'octobre, on a à craindre des ouragans, tandis qu'on a rarement éprouvé ce fléau quand la saison s'ouvrait en décembre. Nous devons ajouter qu'il est très rare, dans ces localités, qu'on éprouve des sécheresses pendant la saison des pluies, tandis que dans l'autre partie de l'île on en a souvent au mois de janvier.

D'après ce qui précède, la classification des climats semblerait facile; il n'y aurait qu'à établir trois divisions, l'une très sèche, l'autre très pluvieuse, et la troisième tenant le milieu entre les deux extrêmes; mais, outre que la nature se prête rarement à ces classifications tranchées, nous ne devons pas perdre de vue que ce travail a pour objet d'éclairer les lecteurs de cet ouvrage sur les variétés infinies à observer dans les époques de plantation et de récolte et dans les modes de culture selon les localités. Or, les indications que nous aurons à donner dans la suite de notre publication pourraient quelquefois paraître contradictoires à celui qui ignorerait les grandes différences que présentent les divers climats de l'île. Aussi, ce tableau est-il nécessaire à l'intelligence de nos questions agricoles. Nous ne pourrions, en effet, conseiller à un habitant de Saint-Paul de planter du maïs en juin et en juillet comme on le fait depuis Sainte-Suzanne jusqu'à Saint-Philippe, ni du blé en mai et en juin comme depuis Saint-Louis jusqu'à Saint-Joseph, puisqu'à ces époques il est soumis à l'influence d'une extrême sécheresse.

Pour compliquer le moins possible nos catégories, nous nous préoccuperons simplement des époques qui conviennent aux grandes plantations de maïs, cannes, café, manioc, et c'est par elles que nous distinguerons nos climats. Nous appellerons climats secs ceux où l'on ne peut faire ces plantations dans les bas, avec sécurité, avant l'ouverture de la saison des pluies, de fin d'octobre à fin de décembre ; ils comprennent les quartiers Saint-Pierre, Saint-Louis, Saint-Leu, principalement Saint-Paul, puis Saint-Denis et une partie de Sainte-Marie jusqu'à la rivière de ce nom, mais dans ce dernier les plantations des hauts peuvent s'effectuer plus tôt, ce qui ressort naturellement de ce ce que nous avons dit précédemment qu'en s'élevant vers les montagnes on rencontre des pluies plus fréquentes. Dans les quartiers autres que ceux que nous venons de nommer, on peut planter les cannes dès le mois de juillet, ce qui permet d'obtenir de premières coupes de deux ans bien plus productives, et donne en même temps plus de facilité pour le bon entretien des plantations ; tandis que dans les localités où l'on ne plante qu'à l'ouverture de la mousson du S.-O., les mauvaises herbes poussent avec une vigueur d'autant plus grande qu'on est obligé, avant de les détruire, d'achever toutes les plantations sans délai ; il faut par conséquent lutter énergiquement contre ces plantes nuisibles, dont les graines, n'ayant été enlevées par aucune pluie, ont été toutes conservées et couvrent complètement le terrain.

Qu'on nous permette encore une subdivision dans l'étendue du pays que nous nommons sec, eu égard à l'époque des plantations ; depuis le Portail (quartier Saint-Leu) jusqu'à Saint-Joseph on a des pluies abondantes dans les mois d'avril, de mai et de juin qui sont, les deux derniers du moins, des mois secs à Saint-Denis et à Sainte-Marie. Ces pluies sont communément nommées grains de blé, parce que c'était l'époque qu'on choisissait autrefois pour la plantation du blé.

Quand nous cherchons à déterminer les caractères généraux des saisons dans les divers quartiers, nous n'avons pas besoin de dire qu'il faut faire la part des exceptions ; ainsi l'auteur de ces notes peut personnellement affirmer que, dans l'espace d'un demi-siècle, il a vu à Saint-Denis et à Sainte-Marie des sécheresses durer depuis mars jusqu'en décembre, et au contraire des pluies abondantes en juin, juillet, août. Toutefois il n'arrive jamais que les sécheresses prolongées s'étendent jusqu'aux quartiers très pluvieux, ni les pluies inaccoutumées dans les régions très sèches au delà de la mi-juin.

Avant de quitter le littoral, n'omettons pas de noter que la ceinture de riche végétation qui entoure l'île est interrompue sur une étendue de 10 kilomètres du N° 69 au N° 79, par le Pays-Brûlé qui s'étend, au Sud-Est de la Colonie, entre Sainte-Rose et Saint-Philippe.

Dans cette région désolée, qui semble avoir toujours été le domaine du Volcan, on ne rencontre ni eau ni végétation, et il est superflu d'ajouter qu'aucune habitation n'a été formée sur cette lave presque toujours fumante.

Cette esquisse serait incomplète si nous ne disions rien des cirques intérieurs. Aucune des observations qui précèdent n'est applicable, en effet, à ces localités reculées au milieu des montagnes, et d'où l'on n'aperçoit pas la mer, tandis que tout autour de l'île l'horizon est borné par les flots.

Les trois plus fortes rivières de la Colonie, celles de Saint-Etienne, des Galets et du Mât, prennent leurs sources au Piton des Neiges et sont alimentées par de nombreux ruisseaux sortant de plusieurs remparts de 1,500 à 3,000 mètres d'élévation qui forment une sorte de cercle ; ces bassins ont plusieurs lieues de diamètres. On voit déjà qu'il ne s'agit pas d'un cours d'eau qui se serait frayé un lit à travers le roc pour se rendre à la mer, mais qu'il faut admettre un énorme affaissement de terrain au centre de l'île. Quelle qu'en soit l'origine, rien n'est plus accidenté, plus tourmenté que ces enfoncements où l'on rencontre à tout instant un ravin ou un monticule. Les plateaux y sont rares ; toutefois le terrain y était autrefois couvert d'arbrisseaux et par endroits d'arbres de haute futaie qui dénotaient un sol riche et profond ; certains côteaux au contraire sont dénudés et lavés par les eaux.

Salazie est le bassin de la rivière du Mât. C'est à grand frais que le Gouvernement local a fait faire une route carrossable et des sentiers pour se rendre dans ce lieu recommandé d'abord par ses eaux thermales et qui, maintenant cultivé, produit en abondance des légumes qui trouvent un débouché jusqu'à Saint-Denis. Les haricots, les choux, les pommes de terre y sont d'une qualité supérieure, ainsi que tous les légumes d'Europe, qui y trouvent un climat analogue à celui de leur patrie. Les tabacs de bonne qualité récoltés à Salazie ont donné des produits assez importants ; la culture du mûrier y réussit parfaitement, ainsi que celle du thé ; on y élève des porcs et une immense quantité de volailles de toute espèce. Indépendamment de la fertilité d'un sol nouvellement défriché, la supériorité des légumes de Salazie est due au climat de cette localité, où, pendant l'hiver, le thermomètre Réaumur se maintient entre 2 et 6 degrés au-dessus de zéro. On n'a jamais de brise dans ce vaste entonnoir. Quoique situé à travers des régions pluvieuses, Salazie aurait plutôt à se plaindre des sécheresses si elle n'avait de ces pluies fines, à peine visibles, qui sont plus que de fortes rosées.

Malgré son enceinte de remparts abrupts, Salazie n'est point à l'abri des ouragans ; les vents s'y engouffrent, y tourbillonnent et font de grands ravages.

Le sol de Cilaos est inférieur à celui de Salazie. Ce cirque, moins habité et moins cultivé, est le bassin du Bras-Est de la rivière Saint-Etienne. Le climat de cette localité participe de celui de Saint-Pierre et de Saint-Louis ; elle jouit des pluies de mai, de juin et juillet. Le froid est très intense à Cilaos ; les légumes y gèlent. Les eaux thermales de Cilaos sont plus puissantes que celles de Salazie.

La Plaine des Palmistes, située directement au-dessus de Saint-Benoit, est une sorte d'échancrure ou d'affaissement de terrain qui forme un plateau de 2,612 hectares. En effet, à l'extrémité de ce plateau s'élève la Grande Montée, qui est la limite de la Plaine des Cafres.

Il gèle à la Plaine des Palmistes ; le climat y est pluvieux ; la culture est la même que celle de Salazie ; mais le sol est moins profond.

Le climat de la Plaine des Cafres, plus froid que celui de Salazie, est moins favorable aux légumes ; mais il convient admirablement à la culture des pommes de terre, de l'avoine et à l'élève des bestiaux ; quelques habitants s'y adonnent sérieusement.

On pourrait tirer un plus grand parti de ces cirques intérieurs ; mais beaucoup de ceux qui les habitent se contentent de produire de quoi vivre. Cependant les habitants de Salazie montrent plus d'énergie ; ils ont créé de petites caféries. Nous devons espérer que la colonisation encore récente des Plaines des Palmistes et des Cafres suivra aussi une marche progressive.

Il ressort de cet aspect général de nos climats que celui qui n'aurait qu'à chercher son bien-être pourrait vivre à son gré dans une température toujours douce en faisant quelques kilomètres vers la mer ou vers la montagne, au vent ou sous le vent, selon les saisons. Il n'y aurait que les grosses pluies de la mousson du Sud-Ouest dont il ne pourrait s'exempter.

L'habitant peut choisir sa demeure dans le climat qui lui convient ; l'hiver, près du rivage, où il ne sentira jamais le froid, et l'été, en s'élevant sur les hauteurs où il respirera un air frais et salubre, à l'abri des chaleurs excessives. Il peut encore satisfaire ses goûts, selon qu'il préfère un climat sec ou humide, le calme ou la brise.

Parmi les avantages de notre climat, n'omettons pas de constater que la Réunion produit à peu près tous les fruits d'Europe, excepté la prune, la cerise et la groseille. Nous ne pensons pas que ces deux derniers fruits, en raison de leur acidité, puissent jamais s'acclimater dans notre Colonie. Quant aux légumes, grâce aux variétés de climat que nous avons signalées, on a toute l'année des petits pois, des haricots verts, qu'on pourrait trouver en toute saison au marché, comme on y trouve des choux, des carottes, des navets, etc.

*
* *

On croit généralement que la foudre est surtout à redouter entre les tropiques. Pourtant on ne cite pas un seul incendie causé par le tonnerre à la Réunion, tandis qu'en France, pendant la saison des orages, il y a peu de journaux où l'on ne lise le récit de terribles accidents.

Il est tombé quelquefois de la grêle ici, mais si rarement et en si petite quantité que bien des personnes n'en ont jamais entendu parler. Ce fléau qui cause tant de ravages dans les climats tempérés est donc à peu près inconnu chez nous.

Restent les ouragans ; mais nous sommes quelquefois plusieurs années sans en être affligés, et s'il est vrai qu'ils occasionnent de grands désastres à l'égard des plantations et des constructions, il est permis d'affirmer que l'on compte bien moins de personnes tuées par la chute des bâtiments dans les coups de vent que par la foudre et les inondations en Europe, par rapport à une même étendue de territoire.

Nous avons tenu à laisser toute leur originalité à ces notes, qui datent déjà de longtemps, mais n'ont rien perdu de leur remarquable exactitude. Elles furent communiquées à la Chambre d'Agriculture en 1857, et l'auteur, à notre grand regret, car nous aurions voulu le nommer en lui offrant ici la première place, nous est inconnu.

E. D.

INDUSTRIES AGRICOLES

I

Industrie sucrière

La canne à sucre est, sans contredit, un des végétaux qui, par la nature et la richesse de ses produits, ont joué le rôle le plus important pendant ce siècle. A ce titre elle mérite que nous tracions à grands traits son histoire, en remontant à son origine.

Les historiens sont d'accord pour affirmer que le roseau sucré fut connu en Chine dès la plus haute antiquité et que les Chinois ont pratiqué l'art de le cultiver et d'en extraire le précieux suc plus de 2000 ans avant son introduction en Europe.

Ils s'égarent généralement à suivre la marche de la canne vers l'occident, à travers l'Inde, la Perse et l'Arabie pour arriver en Egypte et de là en Espagne, en Amérique et aux Antilles.

Les Egyptiens furent les premiers à faire parvenir en Europe les produits de l'Extrême Orient ; les Phéniciens, maîtres de la mer Rouge, enlevèrent ce commerce aux Egyptiens. Sidon, Tyr, Tarsis et Ophir furent les centres de commerce d'où les produits de l'Orient se répandirent et où les flottes équipées par Salomon allèrent les chercher pour son royaume.

Alexandre le Grand s'empara de tout ce trafic, ouvrit aux marchandises de l'Orient une route nouvelle à travers l'Asie et les offrit aux Romains qui faisaient le plus grand cas des aromates et des épices.

Parmi les productions de l'Orient, le sucre paraît avoir été une des dernières connues. L'histoire des anciens Phéniciens et des Juifs n'en fait aucune mention. Les médecins grecs sont les premiers qui en aient parlé sous le nom de *sel indien*.

— Le sel indien est semblable par sa couleur et sa forme concrète au sel commun, mais sa saveur est douce.

PAULUS EGINETTA.

— Il y a un autre miel qui se forme dans les roseaux.

THÉOPHRASTE.

— L'Arabie porte du sucre, mais celui de l'Inde est supérieur, c'est un miel qui se rassemble dans des roseaux, il est transparent et lucide comme la gomme. Il se casse sous la dent, le plus gros a le volume d'une aveline et il n'est d'usage qu'en médecine.

PLINE.

De ces citations on peut déduire que les Grecs et les Romains recevaient du sucre *Candi* de l'Inde. Mais est-ce bien dans l'Inde que l'on cultivait alors la canne?

***

Il résulte des recherches du docteur Dutrône, publiées en 1791, que la canne ne croissait alors qu'aux royaumes situés au delà du Gange, c'est-à-dire des pays appelés *Grandes Indes*, d'où le sucre passait avec les autres marchandises, par le Bengale pour arriver en Arabie.

En l'apportant aux commerçants de la mer Rouge, les Indiens apprirent que le sucre était extrait d'un roseau; jusque-là ils pensaient que c'était une sorte de miel qui se formait sans le secours des abeilles, ou une rosée du ciel recueillie par les feuilles du roseau.

Bergeron dans son recueil de voyages, dit que vers 1250, Marco-Polo voyagea dans la partie méridionale de la Chine et parcourut le premier la presqu'île du Gange; il rapporta que ce royaume produit des épiceries, du gingembre et du sucre en abondance; les marchands enhardis pénétrèrent jusque-là, et ce fut à cette époque que la *canne à sucre*, enlevée à son pays d'origine, passa en Nubie, en Egypte et en Ethiopie.

Déjà en 1500, Dangaloa, ville de la Nubie, faisait, rapporte Girovan-Leoni, un grand commerce du sucre que fournissait toute la Province ; mais il était brut et noir parce que les habitants ne savaient pas le cuire.

A Thèbes, à la même époque, il y avait grande abondance de sucre.

Ce ne fut cependant que vers la fin du 18 siècle que la canne arriva en Syrie, à Chypre, en Sicile.

*
* *

En 1420, Dom Henri de Portugal y fit transporter des cannes venant de Sicile, de là elle passa aux Canaries, et le sucre de ces îles fut réputé le meilleur du temps. (1)

Dès que les Portugais eurent découvert l'île Saint-Thomas, ils y implantèrent la canne, et l'industrie sucrière s'y développa si rapidement que déjà en 1520, il existait plus de 60 manufactures. « Les habitants riches dit-il, avaient 2 ou 300 nègres employés à sa culture, et cette île faisait 150,000 arobes (2) de sucre qu'on purgeait avec de la cendre.

La canne fut introduite en 1506 à Hispaniola, plus tard Saint-Domingue, par un

(1) Robertson. -- Hist. d'Amérique.

(2) L'arobe équivalait à 15 k. 500 (soit 2 millions 325,000 k.)

nommé Pierre d'Etiença. Le premier moulin ut construit sur la rivière de Nigue, par un nommé Gonzalès, et tel fut le développement rapide de l'industrie sucrière dans cette île, qu'en 1518 on y comptait 18 usines, et les produits furent si considérables qu'on assure (1) que les magnifiques palais de Madrid et de Tolède furent bâtis entièrement par Charles-Quint du seul produit des droits d'entrée sur le sucre de cette colonie.

En présence de faits aussi précis, il est difficile d'admettre avec le Père Labat (2) que la canne soit indigène en Amérique ; le même historien fixe à l'an 1580 l'époque de l'établissement des premières sucreries dans le Nouveau-Monde. Comment l'admettre, puisque nous venons de voir qu'en 1518 il existait déjà 18 sucreries à Saint-Domingue ?

Pison (3) dit que la canne n'est indigène ni aux Canaries ni à Saint-Domingue et moins encore à la Nouvelle-Espagne.

Rien de plus incertain que l'époque de l'introduction du précieux roseau à l'île de la Réunion, où il n'est certainement pas

---

(1) Charlevoix, Histoire de l'Amérique.

(2) Histoire de l'Amérique.

(3) Histoire du Brésil.

indigène. Les relations des voyageurs sur l'occupation du Fort-Dauphin par les Français font mention du jus de roseau dont on faisait une agréable boisson fermentée.

Les rapports relatifs aux premiers habitants de Saint-Paul parlent aussi du roseau sucré dont les fugitifs du Fort-Dauphin tiraient une excellente boisson.

Il est permis de penser que la canne a été introduite à Madagascar et de là à Bourbon par les navigateurs qui s'y arrêtaient en revenant des Grandes Indes.

Vasco de Gama, qui doubla le cap de Bonne-Espérance en 1497, rapporte qu'il se faisait dans le royaume de Calicut un commerce important de sucre.

Pedro Alvarès Cabral, qui alla en 1500 à Gambaye, y trouva aussi un grand commerce de sucre.

Barthéma rapporte à son tour que Bathécala, ville importante de la côte Malabar, faisait grand commerce de sucre ; et le fait est confirmé par Odoardo Barbosa (1). Par conséquent, tous ces navigateurs, qui passaient par le canal Mozambique ou par le sud de Madagascar pour se rendre au Cap, ont déposé des plants de canne au Fort-Dauphin.

D'après M. Eugène Piston, la canne appa-

1) Ramusio, Voyages.

rut à Maurice vers 1770 sur la propriété d'un beau-frère de Labourdonnais, et il est certain que les chaudières qui devaient servir à la première cuite furent ensevelies parmi les débris du vaisseau le *Saint-Géran*, dont le naufrage a été illustré par Bernardin de Saint-Pierre.

Rumphius donne les détails suivants sur l'art de faire crystalliser le sucre chez les Chinois (1) :

« Le sucre exprimé est reçu dans de gran-
« des chaudières sous lesquelles on entre-
« tient un feu très fort ; à mesure que ce
« suc s'évapore, on en ajoute de nouveau
« jusqu'à ce qu'il devienne roux et épais ;
« alors on le met dans des plats de terre,
« grands et profonds qu'on porte dans un
« lieu chaud. Le sucre forme à sa surface
« des crystaux qui se réunissent en groupes
« blancs qu'on nomme gâteaux de sucre, et
« celui qui crystallise au-dessous est nom-
« mé *moscouade*. Pour raffiner le sucre, on
« le clarifie dans de grandes chaudières, avec
« des *blancs-d'œufs*. On emploie, en le cui-
« sant, un peu de *graisse de poule*, puis on
« le met à crystalliser dans de grands plats
« en terre. Celui qu'on obtient des gâteaux
« de sucre est très blanc, très dûr, sembla-
« ble au crystal ; on le nomme *sucre mâle* ;

(1) Rumphius, t. VI.

« celui qu'on obtient de la moscouade, don
« les crystaux sont moins beaux, moins durs
« et plus doux, est nommé *sucre femelle.* »

Les Vénitiens furent les premiers à raffiner le sucre en Europe ; ils traitaient les sucres gras d'Egypte et les revendaient à l'état candi.

Nous croyons devoir arrêter ici l'historique de la canne à sucre pour examiner son histoire naturelle, puis nous suivrons les progrès industriels réalisés pendant le siècle actuel.

***

La première chose que devrait savoir un agriculteur, c'est l'histoire naturelle de la plante qu'il exploite afin de juger sainement des meilleures conditions de milieu, de sol, de climat, en un mot de toutes les circonstances qui peuvent favoriser la quantité et la qualité du produit qu'il en tirera.

Supposant que celle de la canne est connue, nous passerons rapidement en donnant une description succincte de la plante.

La canne à sucre, *saccharum officinarum*, ne se reproduit pas de graine. La plupart des variétés cultivées à la Réunion fleurissent, mais il n'y a pas d'exemple que ces fleurs aient produit des graines fécondes.

C'est le bouton, qu'on trouve à chaque nœud du roseau, qui contient le germe de la reproduction de la plante ; cet œilleton, qu'on remarque sur le premier *nœud-canne* sortant du sol occupe alternativement le côté droit et le côté gauche du nœud.

La nature indique bien ainsi que toutes les parties de la plante doivent servir à sa reproduction. C'est sur ce fait que nous basons une opinion bien accentuée sur le mode de plantation de la canne.

On se sert à la Réunion, comme bouture, de l'extrémité supérieure de la canne, celle où commencent les feuilles et qu'on appelle : *cœur ou tête* de canne. Nous sommes absolument convaincu que les espèces dégénèreraient moins vite et que les rendements seraient meilleurs si les plantations étaient faites avec le corps de la canne. Seules les propriétés du Crédit foncier colonial, à notre connaissance, agissent ainsi, et nous avons la certitude que tôt ou tard on se rendra à l'évidence des faits qui se révèleront.

Le docteur Dutrône partage en quatre époques les révolutions que subit le nœud de la canne depuis l'instant de sa génération, qui dure huit à dix jours, jusqu'à l'époque de sa maturité.

Dans la génération, l'ébauche du nœud paraît au centre comme un petit cône de deux lignes au plus de hauteur, et passe à l'époque de la formation, en sortant de ce centre, où il est remplacé par un autre.

La première partie que présente cette ébauche est la feuille qui s'élève de 7 à 8 lignes ; dans le second temps, la feuille s'élève à 20 lignes, et est suivie du nœud proprement dit; dans le troisième elle parvient à 5 ou 6 pouces, le nœud qui la suit est plus marqué, et porte un bouton ; dans le quatrième, elle prend 10 à 12 pouces et est suivie de la ligne qui sépare le nœud de l'entre nœud ; enfin dans le cinquième temps la feuille devient assez grande pour paraître au jour.

Le nœud-canne alors formé, passe à une seconde époque divisée elle-même en plusieurs temps qui correspondent aux transformations successives des nœuds et du suc; celui-ci prend un caractère *herbacé*, comme celui de quelque fruit muqueux vert.

La 3e époque est caractérisée par le développement, pendant lequel les nœuds se forment et le suc subit des modifications; celui-ci cesse d'être herbacé et la douceur s'accentue en même temps qu'il prend une odeur semblable à celle du suc de pomme douce.

Enfin arrive l'époque de la maturité.

*
* *

Pendant que la première canne croît, les premiers œilletons près du sol se développent et fournissent des tiges nouvelles qui forment touffe autour de la première.

Lorsque la souche est bien formée et enracinée, la bouture mère pourrit et disparaît.

A partir de ce moment, partent les rejets, qui doivent fournir les cannes à sucre, et leur nombre n'est limité que par la fertilité du sol et la place dont disposent les plants (1) ; on n'a plus alors qu'à entretenir une vigoureuse végétation sans interruption jusqu'au jour de la coupe.

Lorsque la végétation a été régulière, les entrenœuds possèdent tous à peu près la même longueur et la canne est sensiblement cylindrique sur toute son étendue ; lorsqu'elle devient languissante, les nœuds se rapprochent et la canne devient ligneuse.

A mesure que la canne se développe, son écorce durcit et change de couleur, ce qui est un signe de maturité ; en même temps les feuilles se dessèchent et se détachent de la tige, qui n'en conserve qu'un éventail à son sommet.

A la Réunion cet état coïncide avec la floraison, et se produit en mai et en juin ; la végétation est alors arrêtée.

Le développement d'une canne peut dépasser 5 mètres, en 18 mois ; mais la moyenne d'un champ régulier de cannes couchées, ne dépasse pas de 2^m 50 à 3^m ; le poids moyen est d'environ 1 k. pour le mètre courant.

---

(1) Bonâme, La canne à la Guadeloupe.

Lorsque les cannes ont atteint un beau développement, leur poids fait qu'elles se couchent pêle-mêle, les unes sur les autres. On dit qu'elles sont alors *couchées* et *matelassées*.

Plantation

Méthode Joseph Desbassayns. — La méthode de M. Joseph Desbassayns est encore employée sur la majeure partie des plantations ; elle consiste à sillonner à une distance de 5 pieds et perpendiculairement au sens de la pente, le sol destiné à recevoir les cannes ; c'est dans ces sillons que se font les trous pour recevoir le plant. Ces trous ont de 9 à 12 pouces de profondeur, 2 pieds de long et 3 pouces de large et sont à 2 pieds les uns des autres. Ce sont de véritables mortaises qui sont faites au moyen d'une pioche dont la forme et les dimensions se rapportent aux mesures ci-dessus. Le travail de fossage au pic est très pénible et devient impossible dans certains terrains après une sécheresse. La terre retirée des trous est alignée avec soin pour former un sillon intermédiaire sur lequel se fera la prochaine plantation.

Plus le trou est profond, plus il conserve l'humidité, et plus la souche résiste à l'action du vent ; plus le sol est inférieur, plus profondes doivent être les mortaises.

Le plant doit être choisi avec soin ; on ne doit prendre que ceux dont les germes sont bien visibles à chaque nœud, et respecter la paille qui recouvre ces germes.

Les plants de canne ne sont autre chose que la sommité ou le cœur de la canne de première coupe, de recoupe et des jets qui sortent des recoupes de 2 ans. On les place dans le fond du trou parfaitement nettoyé, de façon qu'ils reposent sur la terre dure et que toutes ses parties y soient adhérentes ; chaque trou reçoit deux plants dirigés en sens opposé de façon que les pousses sortent à chaque extrémité du trou.

Deux opérations sont alors indispensables au premier âge de la canne : la gratte, qui la défend contre l'invasion des herbes, et le dévidage, qui consiste à enlever sans cesse la terre qui tombe dans le trou et nuit au développement des œilletons. Ces opérations cessent lorsque les cannes sont fermées, c'est-à-dire lorsque leur développement est tel, que les feuilles s'entrecroisent d'un sillon à l'autre et que le sol est couvert.

Méthode nouvelle à la charrue. — Sur certains domaines du Crédit Foncier, c'est-à-dire sur les propriétés où les instruments aratoires ont été mis en action avant toutes autres, voici comment nous avons vu pratiquer la plantation :

Les terres reçoivent sur un premier labour, un amendement composé comme suit : sulfate d'ammoniaque 200 kilos, cendres de bagasse 4,500 k., fumier de mouton ou d'écurie 1,500 k., le tout est distribué par épandage et enfoui à la charrue ; le terrain ainsi préparé reçoit une plantation de manioc ou de maïs suivant convenance, et sur la récolte de cette plantation, une couverture de pois noirs qui est enfouie en vert l'année suivante. C'est au moment où la plante enfouie a fini, par la décomposition, de s'incorporer au sol, que la plantation de cannes se fait.

On ouvre, perpendiculairement à la pente, des sillons de 35 centimètres de profondeur, 15 de fond et un évasement très large, à 5 pieds de milieu à milieu ; l'instrument employé est un fort buttoir dont les versoirs sont munis d'ailerons chargés de tasser la terre des meulons ; il est attelé de 6 ou 8 bœufs qui fournissent 250 mètres courants de fossés de cette dimension en 15 minutes, si le terrain n'est pas trop sec.

Au fond bien uni des fossés, un enfant dépose bout à bout et sans intervalle des tronçons de *corps* de canne provenant de repousses et choisis avec soin, un autre enfant vient à la suite et à l'aide de deux spatules, fait tomber de chaque coté une légère couche de terre sur les plants.

L'économie de la main d'œuvre est énorme. Quant aux avantages spéciaux de ce système, nous ne pouvons encore rien en dire, et l'expérience modifiera sans doute encore ce mode d'opérer, qui, à côté de grands avantages, présente bien des inconvénients.

Certains partisans de la charrue croient devoir conserver la fosse de M. Desbassayns dans les terrains labourés et ont obtenu d'excellents résultats. En effet, les engrais incorporés au sol par enfouissage font que les racines se répartissent entre les sillons et nourrissent largement la souche, tandis que dans les terres dures, avec le dépôt de l'engrais et du fumier dans les fosses, les racines sont dans la nécessité de se lover autour de la souche pour se nourrir, ce qui constitue un mode irrationnel et barbare.

Si nous approuvons donc, dans une certaine mesure, le fossage en terre labourée, c'est parce que personne n'a encore réalisé la sillonneuse qui doit faire cesser toutes les hésitations et affranchir le planteur des frais du fossage à bras d'hommes et du dévidage qui devient alors d'autant plus pressant qu'on a opéré dans un sol ameubli. Il serait bien à désirer que les expériences qui se poursuivent actuellement sur un mode de plantation pratiqué aux Antilles fussent couronnées de succès, car en supprimant pioche et sillonneuse, il représente le moyen économique par excellence.

Méthode de la Guadeloupe. — Cette méthode est basée sur l'emploi des instruments aratoires, car la plantation ne saurait avoir lieu qu'en terrains labourés.

La terre se sillonne à 1^m 50 de milieu à milieu, et les plants sont mis en terre à 1^m 50 de distance dans la longueur du sillon ; de la sorte, les cannes se trovent plantées en carré et dans quelque sens qu'on considère la pièce, les touffes de cannes sont toutes en ligne droite, ce qui permet de passer bisoc, bineuse et sarcleuse dans tous les sens ; on peut se figurer la plantation ainsi faite en pensant à un damier où chaque intersection des lignes qui se croisent recevrait un plant.

Une fois sillonnée, la pièce est divisée par bandes de 9 mètres de largeur par des canaux dont la profondeur varie suivant la déclivité du sol ; chaque bande est placée perpendiculairement au sens du sillon, et les canaux servent à égoutter ces terres. Dans tous les cas, et quelle que soit la nature des terres, il est indispensable de les canaliser comme il est indiqué plus haut. Le plant est enfoncé debout, de façon à ne laisser voir hors de terre que l'extrémité du cœur.

Après avoir mis son plant en terre, et dès qu'il a commencé à donner des tiges et que ces dernières sont au nombre de 4 ou 5, on fume au fumier de porc, en ayant soin de placer son fumier de manière à permettre, si les terres sont faciles, de recouvrir ce fumier à l'aide d'une petite charrue; cette opération faite, on égalise les terres en passant deux fois la bineuse sur le sillon. A partir de ce moment, l'atelier n'a plus besoin de mettre la main aux cannes que pour les épailler.

L'économie que cette méthode porocure est énorme : un homme très ordinaire, à la Guadeloupe, peut, à l'aide de la bineuse ou de la sarcleuse, fosser un hectare de terre en deux jours ; il attelle son instrument de six heures à dix heures et demie le matin et de une heure à cinq heures le soir ; le mulet qui a travaillé le matin se repose le soir. Cet ouvrier est accompagné d'un second qui est chargé de vider les canaux après le passage de l'instrument et relever la terre qui est entraînée dans les lisières à sa sortie; en outre, une femme, faible, est appelée à ramasser les mauvaises herbes et les mettre n tas dans les lisières. Ces trois personnes peuvent entretenir dans un état de propreté parfaite de 10 à 12 hectares *sans le secours d'aucun atelier*.

Les premiers essais faits d'après cette méthode ont donné à la Réunion les résultats les plus encourageants, et démontrent que la crainte exprimée relativement à la repousse des cannes n'est pas fondée : les rejetons sont sortis très beaux.

C'est, à notre avis, le sytème qui doit détrôner les autres.

Rendement cultural

Les cannes cultivées en terres de premier ordre, fumées à l'engrais chimique complet additionné largement de fumier de bonne qualité, peuvent donner plus de 130 k. de sucre par gaulette de superficie soit 12,630 k. à l'hectare. Quelques planteurs pourraient justifier d'un pareil résultat en 1888.

En général il est admis que des cannes bien cultivées peuvent rendre 15 à 20 kil. en première coupe et 10 à 15 en deuxième, si la repousse a reçu de l'engrais immédiatement après la première coupe : dans ces conditions, les bonnes terres produisent une deuxième repousse qui donne encore un rendement rénumérateur.

La culture de la canne ramenée à ces chiffres est une industrie sans rivale; elle défie la betterave et la baisse des prix.

Si ces résultats sont obtenus avec les instruments aratoires, l'abaissement considérable du prix de revient élargit encore les éléments de succès.

***

La richesse saccharine de la canne dépend directement des conditions de qualité, de sol, de faveurs atmosphériques et de maturité.

Une canne plus âgée est toujours plus riche qu'une jeune ; mais toutes les fois qu'une canne a atteint son maximum de maturité et que des pluies surviennent, la richesse saccharine diminue dès que la sève rentre en circulation.

La richesse varie avec les parties de la canne et voici sur ce point les chiffres trouvés par M. Delteil dans ses expériences à la Réunion :

	BOUT BLANC 0m10	HAUT 0m55	MILIEU 1m10	BAS 0m55
Sucre	3.80	13.37	18.09	18.59
Glucose	1.33	0.81	0.16	0.14
Eau	84.05	76.89	70.40	68.92
Ligneux	9.96	9.51	10.71	11.55
Matières organiques	0.38	0.35	0.32	0.30
Sels	0.48	0.47	0.30	0.50
Densité des jus	3°.7	9°.3	11°.6	12°.0

La richesse varie aussi beaucoup avec les variétés ; à la Guadeloupe où on ne cultive que quelques variétés et surtout la canne blanche d'Otaïti qui conserve toutes ses qualités depuis plus de 50 années, on peut facilement compter sur des moyennes de richesse, mais à Bourbon, chaque planteur possède de nombreuses variétés souvent mélangées dans le même champ, et il est difficile de raisonner sur une base exacte.

Voici le tableau des expériences faites par M. Delteil sur 13 variétés cultivées au champ d'expériences de la station agronomique en 1874 :

VARIÉTÉS DE CANNES	EAU	LIGNEUX	SUCRE cristallisable	SUCRE incristallisable	MATIÈRES organiques	SELS
Tamarin	69.20	9.60	19.88	0.07	0 71	0.54
Bois-Rouge blonde	68.56	9.20	21.03	0.10	0.53	0 58
Poudre d'or	68.60	9.70	20.05	0.07	0.74	0.84
Pinang	69.00	11.00	18.58	0.10	0.85	0.47
Mapou striée	69.30	10.60	18.40	0.20	0.80	0.70
Guinghan	69.20	10.80	18.25	0.28	0.89	0.58
Rouge d'Otaïti	70.40	8.80	18.67	0.88	0.62	0 63
Scavanjerie	70.28	9.00	19.16	0.29	0.75	0.58
Diard	77.60	6.20	13.32	1.44	0.86	0.63
Reine Rouge	76.80	7.40	12.95	1.48	0.74	0.63
Eléphant	76.80	7.20	13.24	1.48	0.63	0.63
Tsiambo	69.60	9.50	18 28	1.04	0.89	0.49
Ribbou	75.40	8.20	14.13	0.67	0.70	0.90

Depuis cette époque nous avons manqué d'analyses officielles sur les espèces introduites. La constitution récente d'un laboratoire de chimie agricole, sous la direction de M. Boufflet, nous permet de donner quelques chiffres sur la valeur des trois principales variétés industriellement cultivées en 1889.

*
* *

Composition par 100 kilos des 3 variétés de cannes les plus cultivées à la Réunion

	LOUZIER	GUINGHAN	PORT MACKAY
Sucre cristallisable	16.28	18.94	17.74
Glucose	0.04	0.05	0.02
Sels	0.08	0.09	0.06
Matières organiques	0.62	0.78	0.67
Eau	71.87	68.24	69.75
Ligneux	11.11	11.90	11.76
Total	100.00	100.00	100.00

La densité des jus varie de 10,75 à 10,86 à la température de 15° centigrades.
Le coefficient de pureté s'éloigne généralement peu de 95-96.

La surface de l'île cultivée en cannes peut être évaluée à 80,000 hectares environ, alimentant 53 usines.

Le rendement industriel de la canne à la Réunion est aussi variable que la richesse du sol, la quantité d'eau tombée du ciel, les procédés de culture et les moyens d'extraction et de fabrication.

La barrique de 223 lit. 50, lorsque la densité du vesou atteint 9 1/2 à 10° Reaumé, donne ordinairement 35 kilos de sucre 1er et 2e jet; avec les procédés perfectionnés quelques usines produisent jusqu'à 37 k. 50, mais c'est l'exception, et il faut, pour cela, que la richesse du vesou ait été favorisée par des circonstances exceptionnelles.

Rendement en sucre par 100 kilos de cannes sur les établissements du Crédit foncier colonial :

En 1880	8,97
1881	8,46
1882	9,253
1883	9,318
1884	8,695
1885	8,286
1886	8,946
1887	9,393

Il serait difficile de tirer de ces chiffres, gracieusement mis à notre disposition par M. Dolabaratz, directeur de l'Agence du Crédit foncier, la conclusion qu'un progrès a été réalisé ; cependant, il est bon de faire observer que ces résultats sont obtenus en moyenne sur des propriétés situées dans des localités de valeur différente, dans des usines plus ou moins perfectionnées.

D'autre part la proportion des cannes fournies par les planteurs, et dont la teneur laisse, la plupart du temps, beaucoup à désirer, est de nature à influencer la moyenne, car elles ne reçoivent généralement pas les soins et surtout les fumures nécessaires pour un rendement élevé en sucre ; bien d'autres raisons encore se rattachent aux conditions de fabrication, réduisant le rendement moyen. Mais on peut en prévoir la régularisation progressive aux alentours de 9 0/0, car, M. Dolabaratz nous a montré que l'un des établissements, dont le rendement se tenait en moyenne à 8,7, a donné, à la suite de modifications, apportées à l'usine, une moyenne de 9,75 pendant les trois dernières campagnes.

Nous tenons encore à publier les chiffres suivants, qui marquent mieux le progrès des cultures sur l'ensemble des domaines exploités par le Crédit foncier, et nous le faisons avec d'autant plus d'empressement qu'il nous serait impossible de nous procurer des documents équivalents chez les autres sucriers.

Rendement des cannes à l'hectare

	En Poids	En Sucre	Prix de revient des 100 k.
	—	—	—
1882	20,852 k.	2,762 k.	44.14
1883	34,064 »	3,174 »	38.97
1884	36,330 »	3,150 »	38.08
1885	37,182 »	3,081 »	38.66
1886	37,233 »	3,331 »	33.28
1887	39,052 »	3,668 »	33.04

Le tableau ci-dessus marque un progrès bien accentué sur les trois points les plus importants, savoir :

1° Augmentation de rendement au champ 25 °/°
2° d° d° à l'usine 25 °/°
3° Réduction dans le prix de revient 25 °/°

Ainsi : En
1882 2,762 k. de sucre reviennent à 1,215.28
1887 3,668 k. d° 1,210.44

906 k. diff. en faveur de 1887. 4.84

Ce qui revient à dire qu'on a économisé par hectare de terre, 1,000 k. de sucre ou 400 francs environ, sur tous les frais de la production.

Nous avons la conviction absolue que ce beau résultat n'est pas le dernier mot de la situation actuelle des cultures du Crédit foncier, et que ce prix de revient pourra être encore sensiblement réduit.

Qu'il nous soit permis d'émettre ici une opinion personnelle basée sur nos observations : c'est qu'il faut, pour que ce chiffre de 35 fr. les 100 k. ait été atteint dans la moyenne, que le prix de revient soit descendu, sur certains établissements, aux environs et peut-être au-dessous de 25 fr. Or, ce qui est possible là ne nous semble pas impossible partout, où le sucrier intelligent se trouve en présence de conditions générales équivalentes, à condition qu'il mette en œuvre tous les moyens économiques qui lui sont imposés de nos jours par l'expérience secondée par la science.

Extraction du jus ou vesou

Si on examine au miscroscope du centre à la périphérie, une tranche coupée perpendiculairement à l'axe de la tige d'une canne mûre, on y voit d'abord au milieu deux ou trois ouvertures plus larges que le reste ; on remarque ensuite une réunion d'autres petits tubes qui les entourent en adhérant à leurs parois. Ces faisceaux centraux sont à parois épaisses et sont perforés entre leurs longues cavités cylindroïdes : toute cette partie centrale contient du sucre.

A partir de ces faisceaux centraux commencent alors les cellules saccharifères, lesquelles vont en s'agrandissant graduellement à mesure qu'elles s'éloignent de chacun des faisceaux vasculaires qu'elles entourent.

Les cellules à sucre sont des tubes à parois très minces et d'un tissu très tendre, communiquant toutes entre elles par un grand nombre de petites ouvertures traversant la double épaisseur de leurs parois latérales ; ouvertures qui manquent au fond des cylindres ou prismes creux que forme chaque cellule saccharifère.

En arrivant près de l'écorce, les cellules à sucre s'arrêtent aux premières rangées des faisceaux ligneux cellulaires. Ces faisceaux ligneux ont trois rangées distinctes et la dernière est l'épiderme ou cuticule ; toutes ces rangées de faisceaux ligneux, depuis les cellules à sucre jusqu'à l'écorce, ne contiennent absolument pas de sucre (1).

En résumé, on voit que les parties les plus tendres de la canne sont précisément celles qui contiennent le plus de sucre, tandis que les parties ligneuses les plus résistantes n'en contiennent pas (2).

Cette opinion semble être peu conforme à celle de M. Sérullas qui s'exprime ainsi dans son étude sur le sucre restant dans la bagasse (3) :

---

(1) Théophile Rousselot. Recherches pratiques sur l'extraction du vesou, 1887.

(2) Dumas-Arequin. Payen, etc.

(3) Conférence de Mai 1881 à la Réunion.

« Les cellules qui, dans les pressions des cannes sous le moulin, sont demeurées intactes, sont celles qui se sont trouvées les moins compressibles et par suite, celles qui présentent le vesou le plus *dense*, autrement dit le plus chargé de sucre et aussi de sels ; les premières cellules qui ont cédé à la pression sont, par conséquent, les moins sucrés. »

*
* *

Sans remonter aux flangouiins de nos pères et aux moulins en bois verticaux, disons que l'extraction du jus de la canne ne s'est faite industriellement que par le moulin à trois rolls, qui est encore le seul employé aujourd'hui à la Réunion.

Quoiqu'il soit reconnu que son action laisse beaucoup à désirer et que dans toutes les colonies on ne s'est jamais lassé de rechercher mieux, il règne encore, et soit qu'on opère par simple, double ou triple pression, c'est le moulin à trois cylindres qui est employé.

Les plus puissants moulins, d'une force de 50 à 100 chevaux donnent de 72 à 75 kilos ; mais les bons moulins de force ordinaire, 15 à 50 chevaux, ne donnent que 64 à 66 kilos de vesou en moyenne. La bagasse entraîne donc encore 24 kilos de vesou contenant plus de 4 kilos de sucre cristallisable complètement perdu (1).

Pour obvier à cette perte énorme, on a proposé plusieurs moyens : d'abord le défibreur, qui a l'avantage en brisant les cellules de la canne d'en diminuer la résistance au moulin. L'expérience a prouvé, à la Martinique, que ce moyen procure une augmentation de 1 kilo pour 100 kilos de cannes, ce qui est considérable, mais pas suffisant puisqu'il s'en perd encore 3 kilos.

On a opéré aussi par double pression après imbibition, on obtient ainsi 8 à 10 0/0 de jus en plus ; mais non seulement on augmente le travail d'évaporation, mais ce jus, chargé de matières étrangères, est plus difficile à travailler et ne donne que 1 kilo de plus par 100 kilos de cannes, comme le défibreur (2).

L'idéal du moyen d'extraction c'est la diffusion, qui est l'objet de sérieuses études, en Europe et en Amérique, mais dont les conditions économiques, en ce qui concerne la canne, n'ont pu encore être réalisées d'une manière assez satisfaisante pour entrer dans la pratique. On a calculé que ce moyen rendu industriel, même en tenant compte de

(1) Sicre de Fontbrune, Crise sucrière aux colonies.

(2) Sicre de Fontbrune, Crise sucrière aux colonies.

50 0/0 d'eau à évaporer en plus, augmenterait de 20 0/0 le produit actuel de la canne à sucre (1).

Un des principaux avantages de la diffusion consiste dans l'absence de toutes les impuretés que précipite dans le vesou l'action des moulins broyeurs ; le liquide est plus pur et par suite plus facile à travailler et ne contient pas les débris de cellules, la cire, etc., dont il est presque impossible de se débarrasser par le filtrage, et qui favorisent la fermentation déjà si apte à se développer aux colonies.

Aucune expérience sur la diffusion de la canne n'a encore été faite à la Réunion ; nous reviendrons bièntôt sur ce nouveau système.

La fabrication du sucre n'a pas fait de progrès bien appréciables depuis dix ans sous le rapport des appareils perfectionnés ; on se sert encore dans beancoup d'usines de la batterie Gimart, d'où la cuite est dirigée dans les appareils à cuire dans le vide, ou dans les rotateurs de Wetzell. Un certain nombre d'établissements possèdent des appareils à triple effet.

Nous sommes conduit tout naturellement ici à rappeler que les deux systèmes qui ont été adoptés dans les colonies sucrières du

---

(1) Sicre de Fontbrune, Crise sucrière aux colonies.

monde entier: celui de M. Gimart et celui de M. Wetzell ont été inventés à Bourbon.

Le système Gimart consiste à évaporer le vesou jusqu'à la densité de 28 à 30 degrés Beaumé dans une batterie qui porte le nom de son inventeur, le regrettable M. Gimart, un des hommes les plus intelligents et les plus désintéressés que la Colonie ait comptés au nombre de ses habitants (1).

Elle se compose de 8 chaudières communiquant entre elles par des soupapes placées dans les cloisons. La cuisson est continue.

L'inclinaison du fond des chaudières se dirige vers le foyer, de façon que le liquide entre par la 8e chaudière, parcourt successivement toutes les autres jusqu'à la première, qui est placée immédiatement au-dessus du foyer. Par une combinaison ingénieuse, un large bord garnit extérieurement le faîte des chaudières et établit ainsi un canal d'un bout à l'autre; ce canal a une pente en sens inverse du fond des chaudières, de sorte que les écumes produites par l'ébullition s'y déversant, retournent vers la première chaudière, où elles sont recueillies.

Au sortir de cette batterie, le vesou passe dans les chaudières à basse température *Wetzell;* elles ont 2 m. de long sur 1 m. de large, à double fond et sont garnies de tu-

(1) G. Imhaus. 1862.

yaux droits par lesquels passe la vapeur d'échappement de la machine. Un rotateur tournant dans le liquide favorise l'évaporation; ils datent de 1838.

La cuite s'opère aussi dans des appareils au vide, système Howards; le premier de ces appareils fut introduit à la Réunion par M. Vincent, en 1839; on les a bien perfectionnés depuis.

***

Les usines à sucre à la Réunion n'emploient, comme combustibles, que la paille laissée aux champs par les cannes et la bagasse sortant des moulins, cette bagasse est séchée au soleil au fur et à mesure de sa production pour alimenter les fourneaux; elle emploie un personnel relativement considérable et, de plus, elle soumet la régularité du travail à bien des difficultés basées sur la pluie et le beau temps.

Il fait beau! on sort la bagasse.

Un nuage s'élève menaçant: tout le monde à rentrer la bagasse.

Puis il faut la remettre dehors, et ainsi de suite.

On peut dire que c'est là un immense souci et un surcroît de dépenses énormes.

Les fours à sécher la bagasse de manière à la servir aux fourneaux dès sa sortie du moulin sont employés sur quelques propriétés et notamment sur celles du Crédit foncier colonial.

Un système nouveau, en expérimentation au moment où ces lignes sont écrites, promet des résultats précieux. Nous pourrons peut-être y revenir, pour affirmer ces résultats, qui doivent jouer un rôle très important dans le prix de revient des sucres (1).

*
* *

Il ne faut pas s'étonner, en l'état de souffrance où se trouve l'industrie sucrière à la Réunion depuis dix ans, que personne ne s'y soit livré à des expériences sur la diffusion de la canne, car ces expériences sont toujours très dispendieuses.

On s'est contenté d'attendre les résultats des travaux entrepris en Espagne, à Java, au Brésil, en Australie et aux Antilles.

La plus grande difficulté contre laquelle il a fallu lutter, fut la confection d'un coupe-cannes travaillant industriellement, et longtemps les essais sont restés stériles par l'impossibilité d'obtenir un travail suffisant et régulier.

Où en est la question, à la fin de l'année 1888 ?

---

(1) Le succès a été complet. Nous ne pouvons en dire davantage.

Nous allons répondre en nous appuyant sur les documents les plus récents qui nous ont passé sous les yeux.

D'abord, il n'est plus fait d'objections sérieuses aujourd'hui sur les avantages industriels de la diffusion de la canne, et on est en mesure de répondre à toutes celles qui pourraient avoir quelque apparence de valeur.

La première est basée sur la grande quantité de jus produite par la diffusion de la canne.

Cela est relatif et variable avec la richesse saccharine de la canne mise en œuvre ; ainsi, à Java, avec des cannes très riches, contenant en moyenne 17 0/0 de sucre, on emploie 16 diffuseurs et on soutire 100 litres de jus par 800 kilos de cannes (1).

On dit encore que les jus de diffusion de la canne ne peuvent pas être traités par la défécation et exigent l'emploi de la double carbonatation.

Cela n'est pas exact ; au début on a opéré par la défécation ordinaire partout où on a fait de la diffusion. Bien mieux, la pureté des jus de diffusion est telle que l'on a pu, cette année, à Java, supprimer la défécation (2).

---

(1) E. Avisse, Génie civil, 27 octobre 1888.

(2) E. Avisse, Génie civil, 27 octobre 1888

L'addition de la chaux en très petite quantité se fait dans les diffuseurs, et le jus de la diffusion est envoyé directement dans l'appareil d'évaporation ; le sirop est cuit dans le vide et la masse cuite est turbinée ; on supprime ainsi du même coup : la défécation, la décantation, la clarification du jus et des sirops, et le traitement des écumes, qui restent dans les cossettes.

La troisième objection a trait au coupe-cannes, qui ne remplit pas, jusqu'à présent, toutes les conditions industrielles requises.

C'est là encore une erreur, car on construit aujourd'hui plusieurs modèles de coupe-cannes dans le genre de celui essayé en 1884, à Java ; ce genre de coupe-cannes, adopté dans les établissements qui pratiquent la diffusion de la canne, donne un débit de 7,000 à 10,000 kilos de cossettes par heure.

C'est un appareil simple, peu coûteux, à plateau horizontal, à trémies multiples, avec boîte à couteaux mobiles. Ces boîtes, comme dans les coupe-racines, permettent le changement rapide des couteaux ; ceux-ci s'usent peu, et lorsqu'ils sont bien trempés, reprennent le service après un affûtage qui suffit à leur donner le fil nécessaire.

Voici, d'après M. Avisse, ingénieur, la marche actuelle de l'usine de *Vonopringo*, à Java :

« Les cannes arrivent à l'usine par paquets de 20 à 25 cannes, qui sont montés par un élévateur mécanique sur le plancher desservant deux coupe-cannes à plateau horizontal ; un seul de ces instruments suffit pour le travail de 300 tonnes de cannes en 24 heures.

Les cannes sont mises à la main dans les trémies du coupe-cannes, et les rondelles sont élevées par une courroie sans fin dans la trémie tournante alimentant une batterie circulaire de 16 diffuseurs.

Ces diffuseurs sont entièrement cylindriques, avec porte inférieure, manœuvrée du plancher qui les porte ; la vidange est commode et complète.

Les cossettes épuisées tombent dans une fosse où est disposée une vis qui recueille les cossettes et les conduit au pied d'un élévateur qui les déverse dans une vis alimentant l'ancien moulin ; elles sont ensuite repressées dans un deuxième moulin semblable que possède l'usine.

Ces cossettes pressées sont mises dans des fours Godillot armés d'alimentateurs mûs mécaniquement ; trois générateurs munis de ces fours brûlent des cossettes sans aucune addition de bois ni de houille.

Le complément de vapeur est fourni par un générateur alimenté avec des feuilles de cannes. Dans ces conditions, la pression de la vapeur dépasse souvent 4 kilog. 500, sans que l'usine ne brûle du bois ou de la houille, les cossettes épuisées et les feuilles suffisant pour produire la vapeur nécessaire à un travail de 300 tonnes de cannes par 24 heures. »

Il est donc bien démontré aujourd'hui que les sucriers peuvent employer la diffusion à l'exploitation de la canne, et ceux qui pourront subvenir aux frais de la substitution de ce système aux anciens moulins, sont assurés d'un travail très économique et de résultats sensiblement supérieurs.

*
* *

Prix de revient du sucre

En 1857, une Commission (1) fut chargée de répondre à cette question : Quel est le prix de revient des sucres ?

Les conclusions du travail de cette Commission, travail aussi complet que consciencieux, furent que le prix de revient du sucre se décompose comme suit :

---

(1) MM. Manès, président ; de Chateauvieux, F. de Villèle, E. Lacaussade, Imhaus, rapporteur.

Frais généraux agricoles et industriels....................	fr. 15 90
Intérêts et amortissement à 10 0/0 sur capital......	4 »
Intérêts 6 0/0 sur capital engagé...................... ..	9 42
Par 50 kilogrammes.........	29 32

Or, à cette époque le cours du sucre était de 21 à 22 francs les 50 kilog. et lorsque, bien rarement, la nouvelle d'une hausse arrivait à la Réunion, il s'en suivait de la spéculation, une demande active de navires, et la hausse du fret, qui atteignait 125, 130 et 140 francs du tonneau ; alors il se produisait une baisse du prix du sucre à Bourbon correspondant à la hausse de France. En 1857 le fret atteignit 140 francs du tonneau, plus 10 0/0 de chapeau, et en 1855 celui de 170 francs, chiffre inouï !...

Quand on réfléchit à un pareil état de choses, est-il possible de s'étonner que la Colonie se soit ruinée en produisant des récoltes annuelles de 65 à 75 millions de kil. de sucre ? Mais personne ne s'apercevait du danger, et les rares clairvoyants qui l'ont signalé devaient passer pour des prophètes de malheur et des broyeurs de noir sans raison ! Il faut bien reconnaître que ce fut là vraiment la cause de l'appauvrissement du pays ; la production était énorme, et cependant les sucriers, à quelques exceptions près, s'endettaient ; la preuve, c'est que dès l'apparition du Crédit foncier, on les vit se jeter à corps perdu entre ses bras ; on sentait bien que l'on était emporté par un courant irrésistible ; la dette chaque jour accrue par le défaut d'équilibre entre le prix de revient et de réalisation, mais on manquait, pour réagir, de cette force alors inconnue, la *comptabilité.* Le Crédit foncier jeta une paille au fil de l'eau, on s'y accrocha : quelques-uns, *rari nantes*, touchèrent la plage, les autres se tinrent au courant jusqu'à la rencontre d'un tourbillon qui les engloutit : l'*expropriation* !

***

Quel était le capital correspondant, à cette époque, au chiffre de la production ?

Ce que nous trouvons, à cet égard, dans le rapport de M. Imhaus est trop instructif pour que nous ne l'enregistrions pas ici.

« Pour une production de 250,000 k. de « sucre, il fallait une superficie moyenne, « en tenant compte de la valeur relative du « sol, de 60 à 120,000 gaulettes (1); pour la « valeur des terres, les actes de transmis- « sion de plusieurs années consultés avec « soin, on a trouvé qu'elle ne pouvait être

(1) La gaulette vaut 23 centiares 74. Il va 421 gaulettes à l'hectare. La gaulette fut adoptée par ordonnance du Conseil provincial du 24 février 1715.

« fixée à moins de .... 500,000 fr.
Toutes les constructions..... 100,000 »
Machinerie et sucrerie....... 100,000 »
Mules, charrette et harnais... 36,000 »
140 contrats de travailleurs à
275 fr. l'un par an............ 38,500 »
Outils et divers............. 10,500 »

785,000 f.

Aujourd'hui, pour le même capital, on pourrait choisir, dans l'île, la propriété sucrière la mieux outillée et la plus aisément capable, par la superficie de ses terres, de produire *trois ou quatre fois plus.*

En 1888, quel est le prix de revient du sucre ?

Autant de planteurs, autant de chiffres différents... Mais celui qui arrive à produire au prix le plus bas est celui qui est parvenu, comme M. Augustin Cerveaux, des Trois-Bassins à Saint-Leu, à s'affranchir complètement de la main de l'homme.

Il y a cinq ans, cet honorable propriétaire avait besoin, pour l'entretien de son domaine de 25,000 gaulettes (60 hectares environ) d'un personnel de 32 hommes.

En 1888, la même superficie est dans un état de culture on ne peut plus satisfaisant, le travail est régulièrement à jour, et le personnel est réduit à 6 *hommes*, c'est-à-dire 6 laboureurs.

Tout est fait par les instruments et M. Cerveaux obtient ainsi un prix de revient au-dessous de 15 francs ; ce chiffre, il prend des mesures pour le réduire encore, et il est sûr d'y arriver par la réalisation de certaines améliorations que lui dicte son expérience.

***

Ce petit exemple, choisi entr'autres, est bien fait pour donner la note exacte actuelle de l'état de choses dont souffre encore le Pays.

Ce qu'a fait cet intelligent agriculteur, si la majorité des sucriers l'avaient fait depuis cinq ans, la crise agricole aurait vécu.

La lutte par la pioche et le pic, de la part du sucrier qui n'est pas liquide, et qui compte par conséquent l'intérêt du capital de son exploitation dans les éléments de son prix de revient, est une lutte insensée qui retient la Colonie dans sa marche vers une liquidation après laquelle ses habitants verront une période de prospérité d'autant plus sérieuse que l'économie agricole du Pays sera basée sur une comptabilité que l'expérience aura imposée à tous.

L'abaissement de la valeur des terres est donc un des principaux éléments des progrès réalisés de nos jours dans l'industrie sucrière par la réduction du prix de revient ; puis viennent :

Les économies proprement dites dans les travaux et dans l'administration de la culture ;

L'emploi des seules terres propres à donner des récoltes rémunératrices et par suite la réduction des surfaces cultivées ;

Le soin apporté à la confection des fumiers d'écurie en aussi grande quantité que possible ;

L'emploi judicieux des engrais chimiques ;

L'emploi des instruments attelés, qui ont permis de réaliser de grosses économies dans la minutieuse main-d'œuvre exigée par la canne pendant la première période de sa croissance et principalement dans les frais de plantation.

La substitution, chaque jour reconnue plus avantageuse, du charroi par les bœufs à celui par les mules.

Tels sont les éléments sur lesquels sont basés les progrès réalisés déjà sur beaucoup de propriétés et grâce auxquels le sucrier doit et peut désormais accepter la lutte contre la betterave, pourvu qu'il ne soit pas accordé de traitement de faveur à celle-ci.

Exposition de 1878.

Les sucres de la Réunion ont obtenu :
- 0 médailles d'or ;
- 0 — d'argent ;
- 5 — de bronze ;
- 4 mentions honorables.

Exposition de 1889.

Les sucres de la Réunion sont représentés par 46 échantillons de 1er, 2e et 3e jets, émanant de 18 exposants.

*
* *

La Féculerie

Le problème de la fabrication industrielle du tapioca avec la fécule de manioc a été résolu en 1881 par MM. Jules et Amédée Gérard, propriétaires à Saint-André.

La première usine fut fondée en 1883 sur le domaine du *Colosse*, par la Compagnie Agricole et Sucrière dont M. Jules Gérard est le Directeur.

La féculerie du Colosse fut étudiée, constituée et mise en fonctionnement pour compte de cette Compagnie par M. Médéric Rouzaud qui en a gardé la direction.

Après des débuts très difficiles, sort fatal pour toute entreprise nouvelle, l'industrie féculière est aujourd'hui entrée à pleine voile dans la période de production lucrative et par suite de prospérité.

Les produits de l'Usine du *Colosse*, fécule et tapioca, jouissent déjà en Europe d'une réputation qui se traduit par une plus value importante sur les autres produits offerts à la consommation.

A partir de de l'Exposition de 1889, grâce aux efforts intelligents de l'Agence Commerciale de la Cᵉ Agricole et Sucrière, le tapioca du Colosse sera connu du monde entier comme le plus irréprochable des produits. La fabrication du Colosse dépasse 700 tonnes.

Cette usine ne suffisant plus déjà à la manipulation du manioc cultivé dans sa région, la Cᵉ Agricole et Sucrière a annexé à sa sucrerie de la Renaissance, à Sainte-Suzanne, une féculerie qui est entrée en fonctionnement depuis le mois de septembre dernier ; elle recevra le manioc cultivé dans toute la fertile région des hauts de Sainte-Suzanne où elle répandra une aisance nouvelle.

On peut considérer comme certaine la constitution prochaine dans la commune de Saint-Joseph, d'une nouvelle et importante féculerie, qui sera, pour cette intéressante localité, occupée par un grand nombre de petits propriétaires, un élément de bien-être de la plus haute importance, en assurant le débouché presqu'illimité d'un produit agricole dont la culture était jusqu'ici bornée à la consommation locale, le manioc.

⁂

Le développement que comporte dans cette île l'industrie féculière fait que nous n'hésitons pas à la classer dès maintenant au second rang par ordre d'importance.

Toutes les terres basses et moyennes y sont, en effet, favorables à la culture du manioc et de l'arrow-root ; on peut dire que ce développement peut être ce qu'a été celui de l'industrie sucrière, si, ce qui ne semble pas douteux, la consommation des fécules et tapiocas est appelée, comme cela s'est présenté pour le sucre, à s'étendre en même temps que la production.

Au point de vue de la prospérité du Pays, il faut voir dans l'extension illimitée de la culture du manioc et de l'arrow-root un élément plus sûr que la canne à sucre, parce que ces végétaux semblent offrir beaucoup moins de prise aux déceptions et présentent, comme facilité de culture, des avantages incontestables sur la canne, dont ils seront du reste les précieux compagnons.

Nous allons donner sur le manioc et sur l'arrow-root, des détails qui seront lus avec intérêt au moment où ils sont considérés comme de nouveaux et riches facteurs de la richesse coloniale.

*
* *

LE MANIOC

Manihot. Utilissima. Jatropha manihot. Janipha manihot. Pluk manihot. Magnoc ou manioque.

Historique. — Cet arbrisseau, qui appartient à la famille des Euphorbiacées, est originaire de l'Amérique du Sud où on le cultive depuis le détroit de Magellan jusqu'aux Florides (1).

Son introduction dans les îles Maurice et Bourbon remonte à 1739 ou 1740, et nous avons trouvé dans un document émanant d'un officier du temps de Labourdonnais, le capitaine de Reine, les curieux détails suivants sur les débuts du manioc à Maurice :

« En revenant d'un voyage en France, Mahé de Labourdonnais fit relâche au Brésil et y prit des tiges de manioc qu'il porta à Maurice où elles furent distribuées aux habitants ; ceux-ci furent enjoints par un arrêté d'en planter 500 pieds par tête d'esclaves.

L'arbuste y réussit admirablement, et les esclaves ayant volé des racines, qu'ils dévorèrent après les avoir fait rôtir sous la cendre chaude, furent empoisonnés.

Les habitants reprochèrent au Gouverneur

---

(1) Imhaus, Notice de 1862.

ce malheur et celui-ci eut beaucoup de peine à les empêcher de détruire toutes les plantations ; la panique était complète et quelques habitants arrosaient, la nuit, les jeunes plants avec des eaux bouillantes pour faire croire à l'impossibilité de cette culture (1).

L'embarras de Labourdonnais fut grand ; il avait vu manger le manioc au Brésil ; il en avait mangé lui-même, mais il avait négligé de se faire enseigner la préparation qu'on fait subir aux racines pour neutraliser leur principe vénéneux.

Il mit à contribution toutes les personnes qui pouvaient l'aider de leurs recherches et le capitaine de Reine, des Pamplemousses, fut assez heureux pour arriver, en s'inspirant des mémoires du père Labat, à résoudre le problème. (2)

Il proposa au Gouverneur, qui allait céder à l'omnipotence du préjugé populaire, de démontrer par une épreuve publique, la salubrité des racines du manioc. — Une fête fut improvisée au bourg des Pamplemousses, à Mon Plaisir, et le manioc fut servi solennellement dans une collation présidée par Labourdonnais, en personne, en présence

(1) Eug. Piston. Histoire de Labourdonnais (archives coloniales) 1887, page 40 (Maurice).

(2) De Reine. Lettre à Marlatle 28 mars 1702.

d'une affluence nombreuse d'habitants invités à cette cérémonie.

M. de Reine et le Gouverneur mangèrent de cette racine ; les convives imitèrent leur exemple, et dès ce moment, tout fut dit. Le manioc parut chaque jour sur la table du Gouverneur et au bazar ; il avait conquis son droit de cité à l'Ile de France (1).

Depuis lors, la précieuse racine s'est répandue dans les deux îles où elle constitue un aliment de premier ordre pour les hommes et pour les animaux.

*
* *

Avec le manioc, personne n'est assez pauvre pour mourir de faim, et les noirs, avec la sobriété de leurs goûts, vivent très bien portants pourvu qu'ils aient cinq centimes de manioc et cinq centimes de bois pour le faire cuire, chaque jour.

C'est là en partie le secret de cette paresse qui est le péché mignon de nos autochtones, de ceux au moins à qui la civilisation n'a pu encore inculquer la saine notion de l'économie par le travail.

*
* *

---

(1) Eug. Piston. Histoire de Labourdonnais (archives coloniales) 1887, page 40 (Maurice).

Ici se place naturellement une question des plus bizarres, celle du Manioc amer. Elle est de nature à exciter la curiosité des hommes spéciaux, et tôt ou tard on verra les recherches de l'analyse chimique s'en emparer.

Au Brésil, à Singapour, et partout où le manioc est l'objet d'importantes exploitations, il est amer et ne saurait être consommé sans de graves dangers s'il n'a pas subi préalablement une préparation qui élimine le poison violent que tient en dissolution le suc contenu dans les racines.

A la Réunion, le manioc est très doux, et les animaux le consomment à l'état cru, tel qu'il sort de terre. Les habitants des villes et des campagnes en font une grande consommation et se contentent de le cuire étouffé à la marmite, au four ou même sous la cendre chaude.

Cependant, il arrive quelquefois que parmi des racines excellentes, il s'en rencontre de très amères sans que rien, sinon quelque particularité de la nature du sol, puisse en expliquer l'existence ; mais cela est de plus en plus rare, à mesure que la plante est l'objet d'une culture plus soignée.

De quel principe procède la présence du poison dans le manioc ? On ne peut pas penser que le manioc doux soit une variété particulière à la Colonie, puisque le premier introduit provenait du Brésil, et qu'alors comme nous l'avons vu tout à l'heure, il était amer et dangereux; on est amené plutôt à attribuer la transformation de ce végétal aux conditions de terroir dans lesquelles il s'est trouvé ici. En effet, les plantations se font sans distinction de boutures et on rencontre, isolément, dans un champ de manioc très doux, un, deux ou plusieurs pieds portant des racines amères.

Bien mieux, nous possédons plusieurs variétés de manioc à la Réunion; toutes sont comestibles, mais chez toutes aussi on trouve des racines amères. C'est donc l'acclimatation ici qui a produit cette étonnante modification.

En 1882, en nous livrant à ces mêmes réflexions dans le *Sport Colonial*, nous ajoutions : « S'il en était ainsi, il serait à espérer que les variétés récemment introduites par M. le Gouverneur Cuinier, de Singapour, variétés très amères, subissent les mêmes modifications et perdissent leur principe toxique. »

L'expérience à complètement justifié cette prévision, car aujourd'hui que ces dernières variétés sont acclimatées dans toutes les parties de l'île, elles produisent des racines aussi douces que les autres, et on ne prend plus la peine de les cultiver à part, elles sont mélangées avec leurs devancières.

Culture

Le manioc est d'une culture facile, et constitue un amendement précieux pour le sol. Ce seul fait était de nature à démontrer à nos pères l'utilité des labours dont ils ont systématiquement privé leurs terres.

En effet, l'arrachage des racines de manioc constitue de véritables défoncements qui aèrent le sol et le préparent efficacement à recevoir la plantation des cannes.

Dans les bonnes terres de la partie du Vent, le rendement du manioc varie de 50 à 150 kilog. par gaulette ; on pourrait citer exceptionnellement des terrains qui ont porté ce rendement à 250 kilog.

On peut chiffrer le produit d'une bonne culture comme suit :

1,000 gaulettes rendant 100 k., soit 100,000 kilogrammes.

100,000 × 2 fr. 50 les 100 kil.		2,500 »
Plantation et entretien..	f. 750	
Récolte et transport....	250	1,000 »
Net en 18 mois......		1,500 »
Si le perfectionnement de la culture augmente le rendement ci-dessus de 50 kilos, les frais restent les mêmes et le produit s'élève de......................		1,250 »
Total.........		2,750 »

Soit par hectare près de f. 1,200.

Ce petit calcul fait clairement ressortir deux points très importants pour l'avenir de l'industrie féculière dans cette colonie, à savoir :

1° Que la culture du manioc avec le débouché assuré au prix modéré de 2 fr. 50 les 100 kilos, est rémunératrice pour ceux qui s'y livreront sur une large échelle ;

2° Que cette culture est digne de tous les soins et de toute l'attention de l'Agriculture, par la perspective d'obtenir des rendements élevés au moyen de l'emploi des instruments attelés qui, en réduisant les frais de plantations et en ameublissant le sol, produira le résultat demandé sans grossir le prix de revient.

*
* *

Le manioc contient environ 20 0/0 de son poids en fécule ; les perfectionnements employés à l'usine du *Colosse* permettent d'en retirer en moyenne de 15 à 18 0/0 ; ce rendement est variable avec la qualité et le degré de maturité des racines. Les résidus susceptibles de servir à la nourriture des bestiaux y sont attribués, le reste va à la fosse à fumier.

Les intéressés étudient le moyen pratique de dessécher ce tourteau de manière à en obtenir la conservation et à assurer ainsi la consommation par les animaux pendant le chômage de l'usine qui a lieu du mois de décembre à celui d'avril.

A l'Exposition de 1878, les échantillons présentés provenaient d'essais restés infructueux au point de vue industriel.

***

Exposition de 1889.

La féculerie est représentée par 10 boites et 600 petits ballotins de fécules et tapiocas, émanant de 5 exposants.

LE CAFÉIER

Le caféier, *coffœa arabica* (Linn) genre de la famille des *Rubiacées* est, dit-on, originaire des hauts plateaux de l'Abyssinie, d'où il descendit dans les plaines de l'Arabie heureuse. C'est de là que l'usage s'en répandit rapidement vers le milieu du XVe siècle, dans tout l'Orient, en Syrie, en Egypte, en Perse, dans l'Inde et jusqu'à Ceylan et Java.

En 1615 la première infusion de café passa en Europe et fut prise à Venise ; ce ne fut qu'en 1654 qu'on en consomma à Marseille.

En 1664, Louis XIV but sa première tasse de café et reçut un certain nombre de plants du précieux arbuste. De trois de ces plants, confiés au capitaine Desclieux pour être portés à la Martinique, un seul put arriver à destination, grâce au dévouement du capitaine, qui, pour le sauver, se priva d'une partie de sa ration d'eau. (1). Ce fut le point de départ des belles caféries des Antilles.

L'usage du café en Europe fut dénoncé par les médecins comme funeste à la santé, et défendu ; cela suffit pour que tout le monde en voulût prendre, et rien ne put arrêter son essor.

C'est toi divin café, dont l'aimable liqueur
Sans altérer la tête, épanouit le cœur

s'écriait Delille.

***

L'introduction du caféier à l'Ile Bourbon remonte à 1715 ; cependant il paraît établi que vers 1708, Desforges-Boucher avait fait les plus grands efforts pour l'acclimater.

Les historiens coloniaux ne sont pas d'accord sur les circonstances de cette introduction et plusieurs noms se disputent le grand honneur d'en avoir doté l'île.

Voici ce que nous relevons dans les notes de Maillard : « Un document des archives de la marine dit qu'il fut introduit de Moka ; qu'on le confia aux soins de Laurent Martin du quartier Saint-Denis, et que cet arbuste produisit des graines en février 1710.

C'est donc à tort que dans une lettre rectificative, M. Hubert Montfleury affirme que

---

(1) Maillard. Notes sur l'île Bourbon.

le café Moka fut apporté de France et tiré du Jardin des Plantes de Paris.

M. Davelu dit, dans ses notes sur l'île Bourbon, qu'il y avait deux plants dont l'un fut cultivé chez M. Houbert, curé de Sainte-Suzanne, et que les premiers grains s'en vendirent à raison de 16 pour une piastre.

M. Margry nous affirme avoir vu un document prouvant que le café de Moka vint directement de la mer Rouge en 1715, sur un navire commandé par de la Boissière, le même qui ramènera M. Parat en France.

Pour nous, nous avons eu sous les yeux un rapport où il est dit que les habitants de Bourbon, en voyant des branches et des baies de café rapportées en 1715 par un navire venant de la Mer Rouge, reconnurent immédiatement que la même plante existait dans les forêts de l'île, et que c'est à la suite de la constatation de ce fait que M. Parat partit sur l'*Auguste*.

Enfin, dans un mémoire sur le café (20 septembre 1718) nous lisons que Justamont écrivait au directeur de la Compagnie, le 6 avril 1717, *que de tous les arbres de café, portés de Moka, il n'y a que deux pieds qui aient pris et poussé du bois, que tous les autres sont morts.*

La conclusion de tous ces faits nous paraît être que les plants du café Moka ont été apportés directement de cette localité vers octobre 1715, par le sieur de la Boissière, capitaine du navire l'*Auguste*. »

Notre compatriote Jules Hermann, dans son Histoire des origines de Bourbon s'exprime ainsi :

« Ce n'est pas en un jour que cette plan-
« te prendra possession de notre sol. Pour
« obtenir ce résultat il faudra la foi, l'éner-
« gie, la persévérance de Desforges-Bou-
« cher, quand il reviendra dans la Colonie
« après une longue absence (1708). »

Il faut en conclure que Desforges avait, antérieurement à cette date, tenté l'implantation du caféier.

Plus loin, Jules Hermann dit encore :
« Sous l'inspiration de Desforges-Boucher,
« M. Beauvollier de Courchamt nommé gou-
« verneur pour le roy avait reçu, en s'em-
« barquant sur le *Triton*, commandé par Du-
« fougeray Garnier, la mission spéciale, avant
« de prendre ses fonctions à Bourbon, d'al-
« ler en Arabie chercher de nouveaux plants
« de café, et solliciter du roi d'Yémen la fa-
« veur d'être initié aux secrets de la culture
« de cet arbuste et de la préparation des
« graines (1717).

M. E. Trouette est d'accord sur ce point avec Hermann : voici une note publiée dans le *Sport Colonial* du 22 octobre 1888 :

« Caféier de Moka à Bourbon en 1710 par Imbert, agent de la Compagnie des Indes, d'après Drouyn de Lhuys. Apporté certainement de Moka en 1717 par Beauvollier de Courchant, sur la flûte le *Triton*, capitaine Dufougeray Garnier ; un seul plant est sauvé sur l'habitation des Citronniers au Chaudron, par les soins de Laurent Martin. »

Ce qu'il y a de certain, c'est que le caféier d'Arabie, le *Moka*, trouva dans le sol de Bourbon un terrain aussi favorable que possible à son développement et si nous ne voyons plus, de nos jours, les vastes superficies couvertes de caféiers qui constituaient autrefois la principale richesse de l'Ile, nous les connaissons par la tradition de nos pères, qui en parlaient avec enthousiasme et gémissaient sur l'invasion de la canne.

« La plus brillante période quinquennale de cette culture s'étend de 1824 à 1820 (1), la moyenne de l'exportation annuelle atteignit 2 millions de kilog., sans compter la consommation locale qui est énorme à Bourbon. »

De 1820 à 1834, à la suite d'un ouragan épouvantable, qui fut surtout funeste aux caféiers, l'exportation tomba aux environs de 90,000 k.

La terrible influence des cyclones sur les caféiers fait ressortir l'indispensable néces-

(1) Imhaus. Notes de 1862.

sité des abris dont on avait trop négligé la constitution.

La production du café diminua encore jusqu'en 1860, mais le pays ne s'en apercevait pas, car il traversait alors cette période d'aveuglement causé par la canne et dont nous avons parlé déjà. Mais lorsque l'industrie sucrière entra, à son tour, dans l'ère de souffrance qui dure encore, on vit quelques hommes courageux reconstituer des caféries, notamment à Saint-Pierre, à Saint-Louis, à la Ravine à Marquets. L'exportation remonta et se maintint de 3 à 500,000 kilog. et aurait augmenté graduellement sans l'introduction en 1881 du fléau connu sous le nom d'*Hémiléia vastatrix* dont nous nous réservons de parler plus loin.

L'exportation de 1886-87 s'était élevée à 385,000 kilog., elle n'atteindra pas la moitié de ce chiffre en 1887-88, et si la décroissance de la production n'est pas plus rapide, il faut l'attribuer aux grandes plantations faites depuis quelques années, qui auraient amené une exportation de plus en plus importante sans l'influence néfaste de l'hémiléia...

La Colonie cultive plusieurs variétés de caféiers : Le *Moka*, ou Bourbon, dont le feuillage est moins dense, le port plus élevé et la fève ronde, se plait dans les plateaux du littoral et jusqu'à la ligne moyenne de 4 à 500 mètres d'altitude. L'*Eden*, *C. Microcarpa*, et le *Myrte, variété arabica*, se plaisent dans les mêmes milieux que le Moka avec lequel on les confond pour la vente, la fève étant ronde, mais plus petite. Ces trois variétés constituent des arbustes si élégants que presque tous les jardins dont les maisons sont entourées, dans les villes comme à la campagne, en sont ornés.

Le *Le Roy*, *C. laurina*, qui habite la région supérieure jusqu'à 1,000 mètres d'altitude, est moins élevé dans son port et d'un feuillage plus fourré ; sa fève est allongée et moins estimée comme arôme. Cependant on peut dire que cette variété s'est modifiée sous l'influence de certains terrains de l'Ile, au point de présenter sur les produits de même origine cultivés à Salazie, par exemple, une supériorité énorme. Tels sont les localités de *Saint-Leu*, de la *Ravine à Marquets*, de la *Ravine des Cabris* et de l'*Entre-Deux* ; toutes situées dans la partie comprise entre le Sud-Ouest et le Nord-Ouest de l'Ile.

On peut dire que les produits de Bourbon ne se divisent qu'en deux qualités : le café dit *du Pays* ou rond et le café *Le Roy* ou pointu. La différence du prix varie en faveur du rond de 12 à 15 francs par 50 kilos, suivant le lieu de production. Le café de St-Leu a toujours été et sera toujours le plus recherché ; puis viennent celui de la Ravine à Marquets près de Saint-Paul, celui des

Avirons, de Saint-Louis, de la Ravine des Cabris et du Tampon, de l'Entre-Deux.

Pour donner un exemple de l'influence de la culture du caféier sur la fortune publique, qu'il nous soit permis de tracer rapidement le tableau du centre de population situé entre Saint-Pierre et Saint-Louis et appelé l'*Entre-Deux*. L'Entre-Deux, en 1874, possédait une seule usine à sucre ; en dehors de cette propriété consacrée à la canne, on n'y cultivait que le café et les grains nourriciers ; la localité était habitée par une population très laborieuse de 3,500 âmes environ, au sein de laquelle régnait alors un bien-être dont peu de pays pourraient fournir un exemple. En effet, chiffrons la production de cet Eldorado.

500 tonneaux de sucre à 50 fr. les 100 kil.	250,000 fr.
300,000 k. de café (soit 6,000 balles de 50 kilog.) à 100 fr.	600,000 »
	850,000 fr.

Ajoutons l'importante exportation de grains, de haricots, de légumes et surtout de porcs et de volailles qui se faisait sans cesse et dont le total ne peut pas atteindre moins de 150,000 fr. et nous arrivons à *un million*.

Les habitants se composaient de gens vivant modestement, sans luxe mais confortablement. Nous avons vu, sous nos yeux, vendre au *complant*, une propriété sur la base de 25 fr. la gaulette, ce qui équivaut à fr. 10,025 l'hectare.

La position d'un père de famille, à l'Entre-Deux, ne s'évaluait pas, dans la conversation, autrement que par le chiffre de la production de sa caférie :

— Un tel, disait-on, est à son aise, celui qui aura sa fille ne sera pas malheureux.

— A combien estimez-vous sa position ?

— Quatre-vingts balles.

Ce qui veut dire qu'en café seulement, il avait un revenu brut de 8,000 fr. par an.

Nous avons vu également une famille de plus de dix membres qui vivait dans une aisance vraiment enviable sur un domaine de moins de *deux* hectares (800 gaulettes).

Hélas ! sous l'influence de l'hemiléïa, l'Entre-Deux est aujourd'hui un des centres les plus misérables de l'île.

La récolte de café a passé du chiffre de 6,000 balles à celui de 3 à 400 balles.

***

Quel est donc ce fléau, d'où vient-il, faut-il assister impuissants à l'œuvre de destruction qu'il a commencée ?

L'*Hémiléïa vastatrix* a fait son apparition à la Réunion vers la fin de 1881 ; comment ?

C'est ce que nous ne recherchons pas ici. Ce qu'il y a de certain, c'est que sa présence avait été signalée à Maurice ; précédemment encore, il exerçait ses ravages à Ceylan, à Java, aux Fidji. Aujourd'hui que nous savons comment il se propage, nous pouvons affirmer qu'il suffit qu'une personne emporte, sur ses vêtements, des spores de ce champignon, pour le semer avec succès partout où elle passe.

C'est à Saint-Denis qu'il est apparu d'abord et d'où il s'est répandu rapidement tout autour de l'île, anémiant peu à peu les caféiers, réduisant progressivement leur floraison, et nuisant plus tard au complet développement des baies.

L'auteur de ces lignes a personnellement poursuivi, de ses études constantes, la recherche d'un agent capable d'atténuer les terribles effets de ce fléau, contre lequel on n'avait pu conseiller que des moyens insuffisants, tels que : brûler les feuilles sèches tombant des arbres, et activer la végétation de ceux-ci par des soins et une abondante fumure. Certes les caféiers offraient ainsi plus de résistance au mal, mais le résultat fatal n'était que retardé.

C'est le moyen de destruction direct de l'ennemi qu'il fallait trouver.

La lecture des travaux relatifs au *Mildew* de la vigne, *Peronospora viticola*, nous firent remarquer certaines similitudes entre les allures de cette cryptogame et celles de l'hémiléïa, et nous en fîmes part le 4 juin 1887 au docteur Isautier à Saint-Pierre, en exprimant l'espoir d'obtenir un bon résultat de l'emploi du sulfate de cuivre. M. Isautier avait eu la même idée, avait même fait une expérience, mais dans de mauvaises conditions et n'avait constaté aucun résultat.

Le *Sport Colonial* publia l'article suivant le 25 juillet 1887 :

« Le *Sport Colonial* a, le premier, appelé l'attention sur les chances de succès qu'offrirait l'usage des pulvérisations cuivreuses sur le champignon du caféier, il lui avait semblé qu'il existe entre celui-ci et le *mildew* de la vigne une analogie de nature à autoriser cette supposition, étant donné que l'efficacité du sulfate de cuivre pour le traitement de la vigne n'est pas contestée.

« Aujourd'hui, *nous sommes absolument affirmatif*, à la suite d'une expérience, de laquelle il résulte :

« 1° Que l'*hémiléïa vastatrix* appartient à la famille des *péronosporées*, comme le *mildiou*.

« 2° Que la preuve en est faite par la présence dans les *conidies* assez avancées d'un grand nomdre de *zoospores* dont nous avons trouvé l'aspect rigoureusement identique à celles du *mildiou*.

« 3° Que ces zoospores, pleines d'activité sous le microscope, ont été instantanément réduites à l'immobilité par l'introduction dans l'eau où elles se mouvaient d'une goutte de solution très étendue de sulfate de cuivre (4 0/00.)

« C'est donc avec la certitude du succès que nous attendons le moment de faire un essai définitif au moyen d'un bon pulvérisateur. »

*
* *

De ce moment, nous n'avons cessé de pousser tous les planteurs à se munir de bons pulvérisateurs en leur indiquant les dernières formules conseillées par M. Millardet pour la bouillie bordelaise (chaux et sulfate de cuivre.) Nous conseillions le premier traitement en décembre, époque où la chaleur combinée avec les pluies d'été amènent ordinairement l'invasion de janvier, nous demandions surtout le traitement préventif.

Aujourd'hui, nous sommes heureux d'affirmer que partout où la bouillie bordelaise a été appliquée au bon moment au moyen d'un bon pulvérisateur, le succès a été absolument complet.

Personnellement, voici l'expérience que nous avons faite sur 50 arbres environ à Saint-Denis.

Nous avons laissé le mal se propager, comme d'habitude sur les branches basses, gagnant de bas en haut ; au moment où la moitié fut bien envahie, la partie supérieure des arbres étant encore d'un beau vert et l'autre dévorée par le mal, nous les avons pulvérisés en grand, *une seul fois*, au moyen d'une solution composée de :

Sulfate de cuivre	250 gr.	pour 100 litres d'eau.
Chaux..........	500 »	

De toute la partie non encore envahie des arbres, pas une feuille ne fut atteinte par la suite ; celles déjà malades subirent leur sort et tombèrent une à une laissant leurs tiges nues. Le bouquet supérieur des arbres, que nous faisions voir comme une curiosité, conserva son aspect vigoureux de santé et brava le voisinage du fléau.

Bien mieux, de deux arbres de même âge se trouvant assez voisins pour entrecroiser leurs branches, l'un fut pulvérisé et l'autre laissé à la merci de la maladie. Deux mois après, ce dernier n'avait plus une feuille et présentait l'aspect d'un squelette ; l'autre resta indemne ou plutôt ne perdit que quelques feuilles basses, préalablement contaminées.

Tous ces faits, publiés et connus, ont-ils suffi à convaincre les planteurs que l'hémiléïa, du moment que son traitement est trouvé, ne sera qu'un mal passager si on le combat pied à pied pendant quelques années? Nous n'osons l'espérer, sachant par expérience que beaucoup d'habitants n'acceptent les bons procédés que lorsqu'ils n'en est plus temps.

Nous exprimons cependant l'espoir que la grandeur du mal produira un grand mouvement et que le moyen offert étant facile, économique, sûr, sera adopté de proche en proche.

Nous croyons que les nouvelles plantations pourront être préservées, mais les vieux arbres ne sauraient, après plusieurs années de maladie, recouvrer leur vitalité qu'exceptionnellement, chez les habitants qui seront en état d'accompagner le traitement d'une large fumure et de soins soutenus.

Les anciennes caféries respectées dans les versants de ravines inaccessibles à la canne laissaient voir encore, il y a quelques années, des arbres presque séculaires, couvrant plusieurs mètres carrés de superficie et produisant encore d'abondantes récoltes. Ces vieux témoins de notre antique prospérité, aux prises avec l'hémiléïa, ont, en grande partie, péri sous les premières étreintes.

Comme conclusion, nous affirmons que l'hémiléïa est un ennemi facile à combattre et que les habitants soucieux de leurs intérêts pourront, par deux pulvérisations préventives appliquées en décembre et janvier, défier le fléau, qui disparaîtra devant une mesure générale bien exécutée.

Le café Bourbon ne cessera donc pas d'être représenté sur le marché français, car on le cultivera avec plus de soin que par le passé.

Ajoutons que les consommateurs européens peuvent enfin, grâce à l'organisation commerciale de la *Société agricole et sucrière*, être assurés de consommer du véritable et authentique *café Bourbon*, en demandant l'emballage spécial inauguré par cette société et garanti sous plomb.

Non-seulement ils y trouveront la garantie de la provenance, mais encore celle de la qualité, qui est choisie avec le plus grand soin et classée par catégories, sans mélange.

Longtemps la réputation du café Bourbon eut à souffrir de la fraude qui se faisait au moyen de produits inférieurs de diverses provenances, et le consommateur trompé n'ose plus demander le café qu'il préfère, convaincu d'avance qu'il n'aura qu'un affreux mélange dont l'arôme ne saurait rappeler celui de Bourbon.

Peu à peu s'éteignait ainsi la réputation de ce produit si exquis, que seul, certainement, il peut soutenir la comparaison avec celui de Moka; mais l'heure de la revanche a sonné et l'Exposition de 1889 rendra au café Bourbon la place qu'il méritait de garder, comme la *perle des produits coloniaux.*

On ne saurait donc trop encourager les habitants à créer de nouvelles plantations en s'armant contre la maladie, dont la disparition serait assurée par quelques années de traitement préventif au sulfate de cuivre et de bonnes fumures.

Le café, à la Réunion, n'est généralement préparé que d'une seule façon. Après la cueillette, la fève est séchée au soleil sans subir de fermentation en masse ; lorsque la dessiccation est complète,c'est-à.dire lorsque la coque se brise facilement sous la pression du doigt, le café est emmagasiné jusqu'au moment du pilonnage.

Il est admis que plus cette dernière opération est retardée, moins la nuance verte recherchée est accentuée, mais plus, d'autre part, le café est riche d'arôme ; il prend dans ce dernier cas un aspect *rouillé* qui est très recherché des amateurs, tandis que dans le commerce, l'aspect *fin vert* est le plus apprécié.

D'autres méthodes, basées sur l'emploi de décortiqueurs mécaniques ont été employées par les grands producteurs et ont donné de bons résultats ; il fallait bien y arriver pour les fortes quantités, car l'expérience démontre qu'il faut 4 ou 5 jours à un travailleur, suivant sa vigueur, pour préparer, au pilon, *une balle* de café. Le même homme, avec un appareil qui fonctionnait chez M. Alph. Frappier il y a 25 ans, préparait trois balles par jour.

Nous n'avons aucune donnée statistique sur la quantité de café qui se consomme dans la Colonie, et cependant il serait fort intéressant de la connaître pour établir le chiffre de la production totale de l'île.

Cette consommation est énorme, car il n'est aucune classe de la société au sein de laquelle ne domine pas l'habitude du café, plus ou moins forte.

Dans la classe fortunée, on sert le café au lever, après le déjeûner, souvent dans l'après-midi, et presque toujours le soir après le diner.

Dans la classe moyenne, deux fois: le matin et à midi.

Dans la classe inférieure, la plupart des affranchis de 1848 se passeraient de leur nourriture plutôt que de leur tasse de café et rien de plus comique que de vieilles négresses se racontant leurs doléances du jour ; il est rare que l'une des deux n'attribue pas son malaise à telle circonstance qui l'aura forcée de sortir sans avoir pris sa tasse de café.

Et l'autre de répondre : Ah ! moin lé comme vous, ma cère, mi pé pas s'en passe café !

Dans de pareilles conditions, il est facile de se rendre un compte approximatif de la consommation.

Population gén^{le}.	180,000	âmes.
Immigrants.....	50,000	»
Restent ..	130,000	»
A déduire 50 %	65,000	»
Restent ..	65,000	consommateurs.

Les consommateurs de café étant réduits à 65 mille en chiffre rond, si chacun consomme seulement 15 grammes de café par jour, nous avons $0{,}15 \times 365 \times 65{,}000 = 355{,}875$ kil. par an. Il résulte de ce calcul que pendant longtemps l'exportation du café est restée au-dessous de la consommation locale, et encore croyons-nous le chiffre ci-dessus inférieur à la réalité parce qu'il équivaut à une consommation annuelle de moins de 2 k. par tête d'habitants ; en France, la consommation du café est certes moins grande que chez nous, pour plusieurs raisons, savoir : 1° son prix courant, 2° sa qualité, 3° les influences du climat ; cependant le chiffre moyen, par tête d'habitants, pendant la période décennale 1873-1883 a atteint 1 k. 572 par an. Il est bien plus élevé en Angleterre, en Hollande, en Belgique, en Suisse et en Allemagne.

***

Libéria

Le caféier de Libéria a été introduit dans la Colonie depuis dix ans à peine et commence à se propager dans la région basse qui semble lui convenir ; cet arbuste se présente sous un aspect très vigoureux et marque sa première fleur de la 3ᵉ à la 4ᵉ année, mais est encore déréglé dans sa production.

On voit, en effet, sur la plupart des arbres en âge de produire, des fleurs, des fruits verts et des fruits mûrs entremêlés, ce qui constitue un désordre nuisible à la plante. Cet inconvénient doit, à notre avis, cesser peu à peu à mesure que le végétal s'adaptera à notre milieu par l'acclimatation.

La fève du Libéria n'a pas encore de place sur le marché commercial, de sorte que bien rares encore sont les personnes qui ont pu en apprécier la valeur par la consommation. Son arôme n'est pas aussi délicat que celui du café Bourbon dit du pays, mais peut soutenir la comparaison avec la variété pointue dite *Le Roy*.

Le café de Libéria, originaire de cette contrée, sur la côte occidentale d'Afrique, provient en premier lieu de plantations de café des bois (*wildgewachsenen cafée*). La récolte de 1884 n'a pas excédé 4,167 sacs, 250,000 kilog. environ.

Les prix de ce café, qui est de qualité inférieure, sont bas, et pourtant il est difficile à vendre (1).

Nous avons le droit de penser que ce produit s'est déjà amélioré à Bourbon, et qu'il s'améliorera de plus en plus à mesure de l'acclimatation de la plante.

La feuille du Libéria, très épaisse, beaucoup plus charnue, quoique accessible aux atteintes de l'Hémiléïa, lui résiste beaucoup mieux que celle des autres caféiers.

Rien de plus gracieux que le caféier de Libéria lorsque rendu à son développement moyen, 3 mètres environ, il se trouve couvert de fruits mûrs ! Le fruit, de la grosseur d'une forte noisette, prend à ce moment la couleur rouge des autres variétés et les tiges ploient sous le poids de la charge.

La fève se présente absolument sous la même forme que celle du Moka, arrondie aux deux extrémités, mais quatre fois plus forte en volume, au moins.

Le caféier de Libéria a été introduit à la Réunion sur l'initiative du Président de la Chambre de Commerce, M. J.-B. Buroleau, en 1879. Le premier envoi qui soit bien arrivé, fut mis en terre en mai de cette année et produisit 1,300 plants qui furent vendus aux enchères publiques ; la dépense avait

---

(1) Rapport de la Chambre de commerce de Hambourg (1879-84.)

été de 1,600 francs, la vente produisit près de 5,000 francs.

Une nouvelle introduction plus importante (60,000 graines) faite en 1880 permet de distribuer des plants à 1 f., 0 f. 50 et 0 f. 25, grâce aux soins de M. Julien Potier, directeur du Jardin botanique.

Aujourd'hui il existe des plantations importantes, et de beaux échantillons figureront à l'Exposition de 1889.

*
* *

Le Café marron

(*Coffea Mauritiana*)

C'était en 1715, notre île, alors admirable de salubrité et de fertilité, mais livrée aux tâtonnements inséparables de tout début, cherchait encore sa voie, lorsque lui arriva le bruit de l'engouement croissant pour la nouvelle boisson récemment introduite et mise à la mode à Paris par le retour de l'ambassadeur de Constantinople sous le règne précédent.

En même temps, on vit à Bourbon, à bord d'un navire de passage, un plant de caféier Moka ; on fut frappé de sa ressemblance avec l'un des arbrisseaux les plus abondants en nos bois ; on crut même à l'identité (oui, c'est bien là la couleur des récits naïfs qui nous sont parvenus de cet événement) et la découverte parut si précieuse que le Gouverneur de cette époque, le chevalier de Parat, fut supplié par les colons assemblés, de faire le voyage de France pour aller porter, en personne, la grande nouvelle au Régent.

Ces beaux jours du café marron ne furent pas longs. Trois ans après, l'hôte de nos forêts était supplanté par l'intrus qu'on avait vu passer sur la rade de Saint-Denis (1).

Supplanté et presque détruit par les défrichements progressifs qui furent portés jusqu'à mille mètres d'altitude, le caféier marron devient chaque jour de plus en plus rare et finira par disparaître si personne ne cherche à le reconstituer par la culture.

La fève du café marron est plus allongée encore et plus pointue que celle du Le Roy. Moins fin comme arôme que les autres, ce café est beaucoup plus fort en caféine que les variétés cultivées, si bien qu'il serait imprudent d'en prendre l'infusion pure. Les rares personnes qui en font usage quelquefois, trouvent plus agréable de le mélanger dans la proportion d'un tiers ou de la moitié au plus, avec les autres avant la torréfaction.

---

(1) Ch. Frappier. Le café marron au double point de vue de l'alimentation et du reboisement. (*Sport colonial* du 11 nov. 1882).

Le caféier marron n'est pas plus que les autres, à l'abri de l'hémiléïa vastatrix, mais le développement du champignon est beaucoup plus difficile dans le milieu élevé qu'habite ce végétal, à cause de la température ambiante qui règne dans nos bois, et qui est trop basse pour favoriser l'éclosion des zoospores.

Le caféier marron a eu, dans la mode, un ennemi aussi terrible qu'inattendu.

Ses tiges droites, d'un bois résistant et flexible, se prêtent admirablement à la confection de cannes élégantes et de bâtons de touristes: sous le vernis, ce bois rappelle le buis et les nœuds régulièrement alternés en font des objets vraiment élégants. On ne saurait se faire une idée de l'énorme quantité de cannes et de bâtons emportés de la Réunion par les touristes, et principalement par les Mauriciens; aussi est-il devenu presqu'impossible de rencontrer un caféier marron dans les forêts avoisinant Salazie.

Terminons par la reproduction d'un article publié le 4 février 1884 dans le *Sport colonial.*

***

Le café est un stimulant énergique qui a tous les avantages des boissons spiritueuses sans en avoir les inconvénients. Peu après son ingestion, on se sent plus agile et plus dispos. Pris après le repas, il facilite la digestion ; mais lorsqu'on le prend avant de manger, il détermine fréquemment l'*anorexie*, — c'est-à-dire l'inappétence.

Certains esprits enthousiastes lui ont attribué des propriétés nutritives qui ne sauraient lui appartenir, attendu la faible quantité d'azote que contient la caféine. C'est ainsi que Pierre de Gasparin et Payen ont démontré que si les consommateurs du café ont besoin d'une moindre quantité d'aliments, cela tient à ce que cette boisson ralentit la fonction de la désassimilation.

Ce qui rend surtout le café précieux, c'est l'action toute particulière qu'il exerce sur le système nerveux central. A la suite de cette action, — les forçats du travail intellectuel ne me démentiront pas, — la pensée devient plus libre et plus active, l'idée plus nette, l'imagination plus ardente. Mais, ainsi que les meilleures choses, le café a ses inconvénients, il cause l'insomnie chez les personnes qui n'en prennent pas habituellement et détermine parfois, chez celles qui en font abus, des accidents nerveux plus ou moins graves.

Le caféier, ce grand arbrisseau toujours vert d'où sont extraites les graines que nous connaissons sous le nom de café, est, suivant l'opinion la plus généralement admise, originaire des provinces méridionales de l'Abyssinie — l'une d'elles, en effet, porte le nom de *Caffa*, — d'où il aurait été transporté dans l'*Yemen* ou Arabie heureuse ; il est possible et même probable, que ce précieux végétal appartient à la flore des deux régions qui bordent la mer Rouge, près du détroit de Bab-el-Mandeb. Aussi bien, du reste, nulle part il ne prospère mieux que vers la pointe de l'Arabie, où l'on voit ces magnifiques plantations qui fournissent le café le plus estimé à cause de la suavité de son arôme et de sa saveur, — celui qui se vend sous le nom de *Café Moka.*

Malheureusement, le moka, qui se reconnait à ses grains petits, jaunâtres et de forme arrondie, et dont la production annuelle ne dépasse pas cinq millions de kilogrammes, ne vient guère en Europe. Il se consomme en grande partie en Egypte, en Syrie et à Constantinople. Il en est de même du café de *Cayenne*, dont le goût se rapproche beaucoup du moka et du café de *Java*, qui tient le troisième rang.

La presque totalité du café que nous buvons vient du Brésil. - S'il faut s'en rapporter, du moins, à un intéressant travail que vient de publier sur ce sujet le docteur H. Astier.

« Chose vraiment incroyable, dit-il, les « cafés brésiliens fournissent à la moitié de « la consommation du monde entier, soit 300 « millions de kilogrammes par an, car la « région propre à cette culture s'étend sur

« plus de 3 millions d'hectares, et presque « nulle part ils ne sont vendus au public « sous leur vrai nom. »

Voici, en effet, ce qui se passe : les cafés de la province de Saint-Paul sont présentés dans le commerce comme cafés indiens du Malabar et du Bangalor, le café Capitania est vendu pour du Haïti ; celui supérieur du Rio affirme la marque de la Jamaïque : quant au moka du Brésil, il fait bonne figure en lieu et place du moka de l'Yemen.

Ceci exposé, le docteur H. Astier s'occupe des qualités du café. A l'en croire, il en est de celui-ci comme du vin, il exige l'épreuve du temps pour acquérir ses plus exquises qualités. C'est l'âge qui fait le bon café.

Or, les cafés les plus secs, dont la couleur est en général d'un jaune pâle, pèsent 500 grammes en moyenne au décimètre cube, tandis que ceux de teinte verdâtre, d'un an ou deux de date, pèsent en moyenne 680 grammes.

Comme le café se vend au poids, le commerce a intérêt à le livrer le plus lourd possible, c'est-à-dire imparfaitement mûri et contenant encore dans son tissu une forte proportion d'eau de végétation.

Voilà pourquoi la plupart des cafés qu'on achète sont sans arômes, insipides et parfois imprégnés d'un « goût de vert » désagréable.

L'auteur, armé de la statistique, nous fait connaître quelle est la consommation du café dans les divers Etats de l'Europe. Cette consommation, comme bien l'on pense, se proportionne aux droits d'entrée que paie cette denrée.

*
* *

Poursuivons cette étude intéressante :

En Hollande, où la consommation du café est la plus considérable (8 kilos 12 par habitant) les cafés entrent en franchise.

La raison de cette franchise, c'est de favoriser le plus possible la culture du café à Java, cette magnifique colonie hollandaise.

En Belgique, où le café ne paie que 13 fr. par 100 kilog., la consommation par habitant est de 5 kilog. 47.

En Suisse, cette consommation est de 3 kilog. 60, avec un droit de 30 fr. par 100 kg

En Allemagne, où le café paie 50 francs de droit d'entrée par 100 kilog., la consommation n'atteint que 2 kilog. 40.

En France, grâce au droit *quasi-prohibitif* de 156 fr. par 100 kilog. la consommation n'est plus que 1 kilog. par habitant.

D'où il appert qu'un français consomme donc six fois moins de café qu'un hollandais et quatre fois moins qu'un Belge. C'est tant pis, parce que, comme je le faisais remarquer plus haut, le café ralentissant d'une manière notable les fonctions de désassimilation, il est surtout nécessaire à ceux qui mangent peu ou qui mangent mal, c'est-à-dire aux classes nécessiteuses.

Le bon café remonte et soutient l'homme de travail, contrairement aux boissons alcooliques, dont l'effet n'est que factice, et qui, à la longue, et prises en excès, finissent toujours par imprimer au système nerveux des modifications telles, que les facultés intellectuelles et les fonctions motrices s'en trouvent bientôt altérées.

Le mal est signalé ; aux économistes maintenant d'y parer.

*
* *

A l'Exposition de 1878, la collection des échantillons présentés témoignait déjà du soin qu'apportent les producteurs à conserver l'ancienne réputation des cafés Bourbon ; aussi la Commission en témoigna son admiration en décernant aux seuls producteurs Bourbonnais :

1 grande médaille d'or,
20 médailles d'or.
45 médailles d'argent,
11 — de bronze,
3 mentions honorables.

Exposition de 1889

Les cafés Bourbon sont représentés par 142 boîtes et 772 petits ballotins des diverses variétés cultivées dans l'île, émanant de 60 exposants.

LA VANILLE

Epidendron de Linné, *Vanilla* de Swartz,
Tilxchitl des Mexicains.

Il est généralement admis que le vanillier est originaire du Mexique. Il serait plus vrai de dire que le Mexique fut le premier à fournir des gousses de vanille au commerce.

En effet, cette orchidée s'est trouvée à l'état indigène à la Guyane, à Surinam, au Brésil, au Pérou et même aux Philippines. Chacun de ces pays possédait probablement une variété, par conséquent il n'y a d'originaire de Mexique que la vanille mexicaine.

***

Le vanillier, belle liane grimpante, est ainsi décrite par M. Gustave Heuzé (1) :

« Tiges herbacées, très longues, sarmen-
« teuses, flexibles, cylindriques, noueuses,
« vertes, vivantes sur toute leur longueur.
« Elles grimpent, s'attachent, comme le lier-
« re, sur les arbres à l'aide de racines ad-
« ventices transformées en vrilles simples.
« Les feuilles sont alternes, sessiles, assez
« distantes les unes des autres, oblongues,
« lancéolées, planes, lisses, d'un vert gai,
« légèrement situées, terminées en pointe
« et un peu épaisses. Les fleurs sont gran-

(1) *Journal d'Agriculture pratique*, 15 avril 1880.

« des, irrégulières, en forme de cornet cam-
« panulé, blanches en dedans, jaune verdâ-
« tre au dehors et disposées en grappes ;
« elles se développent à l'aisselle des feuil-
« les.

« L'organe mâle est séparé de l'organe « femelle par une pellicule (1) qui s'oppose « à la fécondation naturelle. »

Nous empruntons à M. Delteil (2) le reste de la description de la fleur :

« L'organe femelle est constitué par l'ovai-
« re, rudiment du fruit, long de 3 à 4 centi-
« mètres, un peu infléchi et contourné, et par
« le stigmate sur lequel repose la capsule de
« l'étamine. Ce stigmate constitue lui-même
« une espèce de réceptacle formé par qua-
« tre petites valves qui s'adaptent l'une avec
« l'autre. Deux de ces valves sont latérales,
« mais à peine saillantes ; la troisième, su-
« périeure, très développée, à la forme d'un
« opercule dépassant l'organe mâle et le sé-
« parant complètement de l'organe femelle ;
« la quatrième est inférieure, plus petite que
« la supérieure, qui s'applique sur elle et la
« cache. Enfin, l'intérieur du stigmate est
« canaliculé et correspond avec l'ovaire au

---

(1) C'est plutôt une membrane qu'une pellicule.

(2) Etude sur la vanille, 1874 (île de la Réunion.)

« moyen de la colonne charnue qui le sur-
« monte. Son sommet est couvert d'une ma-
« tière visqueuse destinée à retenir le pol-
« len, pour l'accomplissement de l'acte de
« la fécondation. »

Ajoutons que le fruit est vert, charnu, long de 15 à 25 centimètres et à 30 très exceptionnellement ; le point d'attache à la forme d'une crosse et on le désigne sous ce nom.

Les premiers plants de vanille introduits à Bourbon remontent à l'année 1819. Le capitaine de vaisseau Philibert, créole de cette île, commandait les gabarres de l'Etat le *Rhône* et la *Durance*; un jardinier botaniste, M. Perrotet, l'accompagnait dans un grand voyage, au cours duquel des lianes de vanille ainsi que d'autres végétaux furent déposés à Bourbon.

En ce qui concerne la vanille, le Commandant a revendiqué l'honneur d'en avoir eu l'initiative, et la lettre suivante, écrite le 3 juillet 1819 à M. le gouverneur Milius est catégorique :

« J'ai eu l'honneur de vous dire que je
« n'étais nullement chargé de porter ici les
« végétaux que j'ai introduits dans cette co-
« lonie.

« Le Gouvernement aurait pris une voie

« plus courte ; et à Cayenne, on ignorait ab-
« solument ce qui pouvait lui convenir. C'est
« par l'intérêt que je porte à Bourbon ; c'est
« par zèle à faire ce que je crois être utile
« à notre patrie, que j'ai sollicité de M. le
« Commandant et Administrateur pour le
« Roi à Cayenne, de me donner les plantes
« et graines que je crois être utiles à cette
« colonie......

« J'obtins des pieds de vanillier de plu-
« sieurs habitants afin d'en avoir qui fussent
« venus sur des terrains différents.

« J'ai fait tous mes efforts, j'ai pris toutes
« mes précautions pour les conserver, etc... »

Dans notre opinion, la lettre du commandant Philibert le condamne, parce qu'elle ne dit pas un mot du concours de M. Perrotet, le jardinier botaniste qui ne se trouvait pas, il faut supposer, à son bord par le plus grand des hasards....

Comment admettre que le Commandant ait tout fait pour se procurer, soigner, sauver des végétaux sans que le botaniste n'y ait pris aucune part?

Celui qui écrit ces lignes se trouvant en 1866 à Pondichéry, où M. Perrotet, âgé de 84 ans donnait encore des soins actifs au jardin botanique de la ville, a passé souvent des journées entières en compagnie du savant vieillard; dans ses causeries pleines d'attraits, les passages et le séjour de M.

Perrotet à Bourbon revenaient souvent et l'incident du commandant Philibert eut son tour.

Il en parlait sans amertume, et souriait en rappelant la passion que le marin mettait à s'attribuer l'introduction du vanillier, qui ne serait jamais monté à bord, et ne serait jamais arrivé à destination sans le botaniste. Celui-ci rencontra des vanilliers à Cayenne, et en fit part au Commandant : « Ne pensez-vous pas que cette plante se plairait dans votre pays, dit-il ?

— Pourquoi pas ?

— Prenons-en donc.

Et des plants de vanilliers embarqués et soignés par M. Perrotet, purent être distribués à Bourbon.

Voilà le fait dans toute sa vérité; certes Philibert a eu part au mérite, mais lorsqu'il se l'est attribué tout entier, il a manqué de générosité.

Du reste continuant leur voyage aux Philippines, le commandant Philibert et M. Perrotet reviennent un an après à Bourbon ; M. Perrotet apportait cette fois, conservées par des procédés spéciaux, des lianes d'une variété de vanille qu'il avait découverte dans les forêts de Manille et qui différait de la grosse espèce de Cayenne.

Cette fois le Commandant ne revendiqua rien, parce que le botaniste avait agi sans la participation de personne, pour la bonne raison, disait en riant M. Perrotet, que *chat échaudé craint l'eau froide.*

Voilà donc deux variétés de vanille à Bourbon. En 1822, M. Marchant, ancien ordonnateur, revenant d'un voyage en France, se procura au Museum de Paris des boutures de la vanille du Mexique, qu'il distribua et qui réussirent parfaitement.

On a prétendu que M. Marchant avait fait cette introduction parce que les deux espèces importées par M. Perrotet avaient disparu ; cela n'est pas exact, car on voit encore aujourd'hui des lianes de la grosse vanille de Cayenne, qui n'est plus cultivée, et il y a certainement deux espèces au moins de petite vanille confondues dans les plantations actuelles. Nous nous souvenons même en avoir rencontré à la Rivière des Pluies une variété plus petite, très rustique, dont les tiges, les feuilles et les gousses sont rubanées de jaune clair longitudinalement ; nous ne savons d'où elle est originaire.

Fécondation. — La conformation naturelle de la fleur de vanille, nous l'avons vu plus haut, s'oppose à la fécondation naturelle. Livrée à elle-même, quoiqu'on ait pu dire sur ce qui se passe au Mexique, il arrive quelquefois que par les œuvres des insectes et, principalement des abeilles, quelques gousses soient fécondées.

Mais on ne pourrait pas compter même une gousse par liane de vanille ; il y avait là de quoi exciter l'esprit des chercheurs en vue de découvrir le moyen d'activer la fécondation des fleurs pour la production d'un parfum si précieux.

Dans la notice de M. G. Heuzé, déjà citée, nous trouvons que M. Neumann, chef des serres au Museum d'histoire naturelle, à Paris, a découvert en 1830 le moyen de féconder la fleur du vanillier artificiellement. Mais il semble que l'auteur, qui a fait de nombreux emprunts à la brochure de M. Delteil, ait pris à tâche de ne pas écrire le nom de l'île de la Réunion, comme si cette colonie n'était pas un des principaux pays producteurs de vanille, et comme s'il avait ignoré que le procédé pratique employé aujourd'hui dans tous les autres, pour la fécondation artificielle, a été découvert par Edmond Albius, petit créole de Bourbon, au service de M. Féréol Beaumont Bellier. Cette lacune est regrettable de la part d'un homme de l'autorité de M. Heuzé, qui en prenant à tâche d'écrire la monographie d'une plante dont l'histoire est aussi curieuse, ne pouvait passer sous silence un fait de cette importance rapporté en détail par M. Delteil.

Le procédé d'Edmond est si simple et si rapide qu'un homme, lorsqu'il a acquis le tour de main nécessaire, peut féconder dans sa matinée *mille* fleurs et plus.

L'opération se fait au moyen d'un petit morceau de bambou ou de bois de 6 à 8 centimètres de long, mince et arrondi ; on saisit la base de la fleur entre le pouce et l'index de la main gauche, de façon que le pouce, relevé, soit en face des organes ; avec le petit bois tenu de la main droite, on déchire la corolle, et les organes sont découverts. De la pointe du petit instrument passé sous l'opercule qui recouvre l'organe femelle, on le relève, il va se cacher sous l'organe mâle qui retombe en la recouvrant et va se mettre en contact avec l'organe femelle ; à ce moment on presse légèrement avec le pouce, et la fécondation est faite.

Quand, au bout de trois jours, la fleur flétrie ne s'est pas détachée du fruit, la fécondation est bonne ; il est très rare qu'elle ne réussisse pas. La gousse croît rapidement et arrive en peu de temps à son développement normal, mais il reste là stationnaire pendant plus de 6 mois avant de montrer les marques de la maturité, qui s'accusent par une teinte jaune à la queue.

Il faut alors la cueillir, car en attendant plus longtemps elle se fendrait et perdrait ses qualités commerciales ; la cueillette se fait donc au fur et à mesure de la maturité, ce qui permet d'échelonner la préparation sur une période de 4 à 5 mois.

Préparation. — Avant 1851, la vanille était préparée à la Réunion par la dessiccation à l'ombre et au soleil ; les produits laissaient alors beaucoup à désirer.

Aujourd'hui, la préparation à l'eau bouillante elle-même est généralement remplacée par celle au four, qui donne d'excellents résultats.

Les gousses sont exposées par couches, pendant 24 à 36 heures suivant leurs dimensions, dans un four chauffé à une température de 50 à 75 degrés.

Au sortir de cette étuve, les gousses ont une couleur marron foncé uniforme ; on les essuie avec soin et on les expose au soleil entre deux couvertures de laine jusqu'à ce qu'elles soient bien débarrassées de la partie aqueuse ; le reste de la dessiccation se fait à l'ombre, sur des claies, dans des appartements bien aérés.

Puis vient le dressage, qui a pour but de réduire la courbure naturelle des gousses ; cette opération se fait à la main, en le faisant glisser entre le pouce et l'index.

Le triage par longueur et par catégories de qualités précède alors le mesurage et la mise en paquet.

Les paquets sont de 50 gousses bien dressées, les crosses tournées et recourbées vers le centre ; les gousses de la périphérie enveloppant bien celles de l'intérieur, le tout est lié d'abord au centre, puis aux deux extrémités, par un lien en fil de rabanne de Madagascar (*Raphia*).

En cet état, les paquets sont renfermés dans des malles en ferblanc en attendant qu'ils soient classés, pour l'exportation, dans des boites de même métal contenant de 6 à 10 kilogrammes.

Les deux premiers habitants qui ont cultivé le vanillier sur une vaste échelle sont M. de Floris, au Champ-Borne, et M. de Villaine, au pied du mont Saint-François, près de Saint-Denis. Peu à peu, cette culture s'étendit dans presque toute la Partie du Vent et devint pour le petit cultivateur une source de bien-être sans rivale. On pourrait citer de petites fortunes acquises sur des emplacements restreints, grâce au prix de ce parfum qui dépassait 250 francs le kilo.

« Jusqu'en 1845 (1) l'exportation de la vanille de l'île Bourbon a été presque nulle (3 ou 4 kilog. par an.) Elle a pris peu à peu un grand essor, et on peut dire que, pendant l'Exposition universelle de 1867, elle a conquis sur le marché français, pour la quantité, une place qui permet à l'île de la Réunion de rivaliser avec le Mexique. »

---

(1) De Mahy, — Rapport de la Commission de l'Exposition de 1878.

D'après les statistiques, la production de notre Colonie a été, en 1876, de près de 28,000 kilogrammes; elle avait dépassé 35,000 kilos en 1865, mais elle comprenait un reliquat de la récolte précédente. Les prix, dans cette période, ont subi de grandes variations et ont oscillé de 300 à 30 francs le kilogramme.

Depuis 1873, la consommation s'est considérablement accrue et les prix avantageux qui en sont résultés ont favorisé l'extension de cette culture dans la Colonie. La production s'est donc accrue progressivement, et n'a pas tardé à dépasser la consommation, qu'alimentèrent encore Maurice et les Seychelles; les prix suivirent une marche en sens inverse de la production, et en 1888, sous l'influence des 150,000 kilogr. expédiés de Bourbon, Maurice, les Comores et les Seychelles, les cours sont descendus au chiffre inconnu jusqu'ici de 20 fr. le kilogr. sur tous les marchés français.

Cet état de choses est inquiétant, car de grandes entreprises seraient exposées à donner de tristes résultats si l'essor qu'on espère de l'Exposition de 1889 ne vient pas relever la valeur de la vanille.

L'économie agricole du vanillier a subi des modifications considérables depuis 10 ans. Alors que les plantations se faisaient précédemment sur des tuteurs spéciaux et au pied des arbres dans les vergers, on s'aperçut un jour que cette liane se plaisait dans les forêts de jeunes *filaos* (1), cet arbre dont le voisinage avait la réputation d'être mortel aux autres végétaux.

Ce fut là un des facteurs de l'extension rapide de la production de la vanille ; non-seulement toutes les forêts de jeunes filaos devinrent des vanilleries, mais de nouvelles forêts furent créées en vue de leur transformation future.

Le vanillier se développe bien et rapidement sous le filao, mais y résiste peu ; il est rare qu'après deux ou trois bonnes récoltes les lianes ne soient pas épuisées. Aussi les planteurs font-ils, chaque année, de nouvelles plantations pour remplacer celles qui disparaissent, et maintenir ainsi le chiffre de leur production.

C'est ainsi que l'immense forêt du *Colosse*, qui compte plus de 200 mille filaos, ne sera bientôt qu'une immense vanillerie.

On peut dire que dorénavant le sort de la vanille sera réglé par l'extension des plantations de filaos dans certaines localités ; il en est d'autres où le mouvement s'opère sous des bois naturels, dans des conditions plus sûres de durée, parce que l'humus que la

---

(1) Casuarina lateriflora ou tenuissima.

liane y trouve est plus riche et plus frais ; telles sont les forêts du Bois-Blanc à Sainte-Rose, celles qui s'étendent du Grand-Brûlé à la Mare Longue, à Saint-Philippe, et les Ilettes de Saint-Joseph.

La production de la Réunion ne peut se maintenir au chiffre de 1888 en présence des prix actuels ; les grands planteurs seuls pourront tenir à la brèche. L'abaissement de notre exportation suffira-t-elle, en présence de celle des autres colonies déjà citées, à ramener les cours de fr. 40 à 50, le kilo (1) ? Qui oserait l'affirmer ? On peut, du moins appeler ce résultat de tous ses vœux, pour le salut d'une branche aussi précieuse de notre richesse coloniale.

*
* *

A l'Exposition de 1878, les producteurs de la Réunion ont obtenu :

1 médaille d'or sur 3 accordées
7 — d'argent sur 13 accordées
7 — de bronze sur 11 accordées
6 mentions honorables sur 10 accordées.

Exposition de 1889

Les vanilles de la Réunion sont représentées par 372 paquets émanant de 31 exposants.

---

(1) Depuis que ces lignes ont été écrites, le cours des vanilles, sous la pression d'une vive spéculation, s'est élevé aux environs de 50 fr. le kilo (31 janvier 1889).

LE TABAC

Il n'est pas facile d'acquérir des données exactes sur l'histoire de certaines plantes : le tabac peut être rangé parmi elles.

L'île de *Tabago*, découverte par Christophe Colomb en 1498, semble lui avoir donné son nom, parce que c'est au milieu de la splendide végétation qui la couvrait, que les Espagnols auraient, au dire de certains historiens, trouvé la plante; nous relevons, en effet, dans Bouillet que « cette île fut surtout « fertile en tabac et que cette plante y fut « découverte en 1560. »

D'autre part, d'après le *Dictionnaire des découvertes* (1), les Espagnols trouvèrent cette plante dans le *Yucatan* dès 1520.

Il est donc prudent de se tenir sur une certaine réserve et de supposer que, découvert en 1520, dans le Yucatan, le tabac fut l'objet d'une culture encourageante sur le sol si fertile de *Tabago*, et que c'est de là qu'il se répandit rapidement dans la *Floride*, la *Virginie*, le *Mexique* etc., où il s'est modifié avec les milieux, pour créer des variétés particulières à chaque pays, car le tabac est une des plantes qui par leur composition chimique sont les plus aptes à subir l'influence des sols dans lesquels on les cultive et des modes de culture particuliers

(1) Paris, 1826.

aux divers pays. Nous reviendrons sur cette considération, qui nous fait penser que les hommes de bonne volonté produiront, à la Réunion, le tabac qu'ils voudront.

S'il est difficile de préciser les circonstances de la découverte du tabac, celles de son introduction en France ne peuvent être discutées : Jean Nicot, né à Nîmes, en 1530, secrétaire de Henry II et plus tard ambassadeur de France en Portugal, sous François II, auteur du plus ancien dictionnaire français connu, s'immortalisa en important à la Cour du tabac qu'il tenait d'un commerçant venant d'Amérique. Marie de Médicis et le Grand Prieur en apprécièrent l'usage, et l'appelèrent *Nicotiane*, nom conservé par les botanistes et les chimistes.

*
* *

Le tabac, considéré d'abord comme malfaisant, dut probablement à cela de faire le tour du monde avec plus de rapidité qu'aucune plante reconnue utile et bienfaisante, et c'est peut-être le seul produit qui soit consommé par tous les peuples de la terre, depuis le Parisien le plus raffiné jusqu'à la brute anthropophage du cœur de l'Afrique.

En 1878, l'extension de la consommation du tabac, démontrée par l'Exposition, inspira à M. H. Vilmorin, rapporteur de la classe 16, les réflexions suivantes (1) :

(1) Rapport du Jury international de 1878.

« La progression constante de la consom-
« mation du tabac sous ses différentes for-
« mes, est certainement un des faits les plus
« frappants et les plus extraordinaires du
« temps présent; le moraliste aussi bien que
« l'économiste et le statisticien peuvent trou-
« ver là un sujet d'étude des plus curieux.
« Tandis que la production des substances
« les plus nécessaires à la vie ne s'accroît
« plus que très lentement dans certaines
« parties du monde ancien et que la progres-
« sion de la population y semble limitée et
« ralentie par la question des subsistances,
« on voit l'usage du tabac se généraliser de
« plus en plus, et la consommation de ce
« produit, presque toujours inutile et parfois
« nuisible, devenir de plus en plus considé-
« rable par tête d'habitants, dans presque
« tous les pays du monde.

« Indépendamment des effets fâcheux que
« l'usage du tabac peut produire sur cer-
« tains individus, il y a véritablement lieu à
« réflexion sérieuse, quand on voit un grand
« nombre de pays établir l'équilibre de leur
« budget au moyen des recettes que leur
« procurent les impôts sur le tabac. Assuré-
« ment l'homme qui s'habitue facilement à
« certaines jouissances consent bien rare-
« ment, à se priver de celles auxquelles il
« s'est une fois accoutumé, il n'est pas abso-
« lument chimérique, cependant, de suppo-
« ser que le tabac pourrait un jour passer

« de mode, dans une proportion plus ou « moins grande, ou que l'impôt sur le tabac « pourrait devenir quelque jour aussi impo« pulaire que l'est actuellement, et bien à « tort, celui du sel ; et l'on se demande par « quoi l'on pourrait remplacer une source « de revenus aussi considérable. C'est en « effet, par centaines de millions et même « par milliards que se chiffrent les sommes « rapportées par le tabac au fisc des diffé« rents pays. En France seulement, les bé« néfices rapportés à l'Etat par l'exploitation « du monopole des tabacs s'élevaient, en « 1876, à 262 millions de francs et le chiffre « va constamment croissant. Les documents « précis font défaut pour évaluer exactement « le produit de l'impôt des tabacs dans les « autres contrées, mais on peut juger de « leur importance par ce fait, que la con« sommation annuelle totale du monde n'est « pas inférieure à 1 milliard de kilog.

« On a calculé que si tout ce tabac était « réuni sous la forme d'un ruban de 5 centi« mètres de large, il serait assez long pour « faire *trente fois* le tour du globe terrestre. »

Nous croyons utile de donner ici l'évaluation de la consommation du tabac ramenée à chaque habitant des divers Etats et par ordre d'importance :

Allemagne	1 k.	800
États-Unis	1	000
Autriche	1	400
France	0	830
Hongrie	0	860
Italie	0	700
Angleterre et Russie	0	600

Recherchons aussi le chiffre de la consommation, par tête d'habitant à la Réunion :

D'après les renseignements fournis par l'Administration, les quantités de tabac qui ont passé par le contrôle fiscal se sont élevés, pour la consommation locale :

En 1887 à	86,324 k.
En 1888 à	89,777 »
	176,100 k.

Soit pour la moyenne, en chiffre rond .... 88,000 k.

Nous pensons que ce chiffre peut être porté à .... 100,000 »
parce que la législation locale autorise les habitants à posséder, sans la soumettre au contrôle, une certaine quantité de tabac pour sa consommation ; on peut dire que de ce fait, tout le tabac consommé dans les campagnes échappe au fisc, ci...... 100,000 k.

L'importation des tabacs étrangers, qui servent à la fabrication des cigares dits *Coringhys*, s'est élevée, en 1887, à .... 55,945 »

Consommation totale... 155,945 k.

On peut donc évaluer à 1 kilog. par habitant la quantité de tabac consommé à la Réunion.

Si nous ajoutons au chiffre ci-
dessus. . . . . 155,945 k.
celui des tabacs exportés en 1887 49,077 »

Nous aurons le chiffre de la ———
production totale. . . . . 205,012 k.

***

Tous les sols de l'île de la Réunion sont aptes à la culture du tabac, mais la qualité des produits est aussi variable que la nature des terrains et leurs altitudes.

Telle localité donne du tabac d'un arôme exquis et d'une teneur modérée en nicotine ; telle autre en fournit de très fort en nicotine et d'un parfum moins délicat ; quelques-unes produisent du tabac très beau en apparence mais qui manque de combustibilité, qualité la plus précieuse.

Ces qualités et ces défauts sont inhérents à la nature du sol, dont les planteurs de tabac ne se sont jamais préoccupés jusqu'ici, malgré les excellents conseils et les efforts dévoués et généreux de M. le contrôleur Michel pendant les quatre années qu'il a passées dans la Colonie.

Qu'importait à nos planteurs d'améliorer la qualité de leurs tabacs tant qu'il n'ont eu d'autre perspective que de les vendre à la consommation locale, consommation limitée aux chiffres que nous avons donnés plus haut ! Si les circonstances favorisaient la récolte, la production dépassait la consommation et le prix baissait ; si au contraire la récolte était réduite par suite de cyclone ou autre cause, le prix montait ; quant à la qualité, chacun produit *son* tabac, dont le cachet particulier s'obtient au moyen de tel ou tel procédé employé par lui dans la mise des feuilles en *carottes* ; ainsi les fumeurs dont la carrière remonte à trente ans ne peuvent oublier les qualités vraiment exquises, comme goût et arôme, du tabac que produisait un habitant de la Ravine à Marquets, M. Dableville Langlois, dont le nom est resté légendaire. A la mort de ce célèbre planteur, un voisin et parent, M. Philibert Maunier, se distingua aussi, mais sa réputation resta bien au-dessous de celle de M. Langlois.

Certains terroirs sont légendaires dans la Colonie par suite de l'incombustibilité du tabac qui y est récolté ; incombustibilité telle que le fumeur est obligé d'entretenir une braise ardente dans le foyer de sa pipe pour obtenir de la fumée. Cette qualité est vulgairement désignée sous le nom de *tabac cause pas*, parce que le fumeur ne saurait le perdre de vue une seconde sans qu'il s'éteigne, ou encore celui de *tabac des quatre tisons*, qui se passe de commentaire.

Le plus célèbre dans ce genre est celui de

la *Montagne*, près de la capitale et lorsqu'on se trouve en présence des habitants de cette localité, la légende de François Content est une profonde humiliation à leur infliger ; la voici en deux mots :

A l'époque où le voyage de Saint-Denis à Saint-Paul se faisait la plupart du temps par le sentier tracé sur la montagne en question, François Content, grand planteur de tabac à Saint-Paul, venait quelquefois à la capitale ; en passant un jour à la Ravine à Malheur, en route pour Saint-Denis, il secoua le fond de sa pipe tout en marchant et continua. Le surlendemain, il reprenait le chemin de Saint-Paul, et rendu sur le bord de la Ravine à Malheur, s'arrêtait soudain, flairant le vent autour de lui.

— Qu'y a-t-il donc, questionna un compagnon ?

— Comment, tu ne sens pas ?

— Ma foi, mon cher, non, je ne sens pas.

— Eh ! bien, moi je sens, et j'affirme qu'il y a par ici quelqu'un qui fume du tabac de François Content.

Et reprenant leur marche, les deux hommes se suivaient pensifs, lorsque tout à coup François poussa un grand cri.

— Quoi ! qu'est-ce qui arrive ?

— Là, vois-tu, là, cette petite colonne de fumée ?

— Eh ! bien, qu'est-ce que c'est ?

— Quand je te disais ! Avant hier j'ai secoué ma pipe en cet endroit, et le tabac brûle encore !

A l'île de la Réunion, les semis de tabac se font suivant les climats et les conditions d'humidité, à partir du mois de juillet ; dans les régions sèches, la transplantation ne peut guère avoir lieu avant le mois d'octobre qui amène quelquefois avec lui les premières pluies d'été ; et encore se font-elles attendre souvent jusqu'en décembre. Ces régions qui, par leurs qualités naturelles, seraient appelées à produire les tabacs les plus fins, sont, par la sécheresse, privées la plupart du temps de la possibilité de faire de bonnes plantations. Mais partout où le planteur jouit du précieux avantage de pouvoir arroser, rien ne saurait s'opposer au succès de cette culture.

En quoi consiste ce succès ? Produire du tabac et lui faire subir une préparation telle, que la Régie puisse l'acheter aux conditions dans lesquelles sont importées en France de si grandes quantités de tabacs étrangers qui, par leur arôme et la finesse de leurs feuilles, se prêtent spécialement à la fabrication des cigares.

Notre Colonie peut-elle prétendre à occuper sur le marché de la Régie la place privillégiée qui lui est due et que la Métropole, il faut le reconnaître, l'invite à prendre ?

Nous répondons avec une foi entière : Oui.

Et nous ajoutons que si les habitants de certaines localités privilégiées veulent bien travailler la culture et la préparation des feuilles de tabac comme d'autres ont travaillé la culture et la préparation de la vanille, ils arriveraient au succès le plus complet. Qu'ils se souviennent des terribles déboires qui ont été subis par les premiers préparateurs de vanille ; combien cher a coûté l'expérience acquise à l'œuvre par ceux-ci ! Les préparateurs de tabac auraient-ils la prétention d'acquérir le tour de main d'un travail presqu'aussi délicat que celui de la vanille, sans le moindre effort, du jour au lendemain ? Ce n'est pas sérieux.

Les conseils de M. Michel en main, ils doivent arriver à donner à la Régie ce qu'elle réclame.

La partie la plus importante de ces conseils concerne la préparation du terrain, travail pour lequel rien ne saurait remplacer la charrue ; puis vient la question des engrais, pour laquelle il faut que chacun puisse savoir approximativement la composition chimique de son sol ; enfin la mesure du nombre de plants à l'hectare, qui permet de régler presqu'automatiquement la force en nicotine.

Tout cela n'est pas difficile et les variétés si fines que M. Michel a introduites dans la Colonie, qui s'y plaisent si bien, permettent d'entreprendre cette culture avec les plus grandes chances de succès.

Se peut-il que les tabacs de la Réunion soient refusés parce qu'ils manquent d'arôme ou de combustibilité ?

Le fumeur créole croit rêver lorsqu'il entend dire pareille chose. Cela n'est pas vrai.

Ceux qui disent cela n'ont jamais passé sous le vent d'une cigarette de bon tabac de Bourbon... Pas d'arôme ! Mais nous posons en fait qu'au sein d'un café où se trouveraient à Paris des centaines de fumeurs, si un seul d'entre eux brûlait du tabac de la Réunion, nous irions à lui sans la moindre hésitation, pour lui dire, comme François Content : Monsieur, vous fumez du tabac de mon pays.

Et pourquoi ce parfum au tabac à cigarettes préparé en carottes et pas aux feuilles expédiées à la Régie ?

Parce que sous la grande pression subie en carottes, les feuilles acquièrent justement la qualité que lui donne, dans la préparation en feuilles, la fermentation en masse ; la haute pression subie par la carotte concentre bien plus cet arôme que le poids léger d'une masse en fermentation, de là cet arôme suave de notre tabac à cigarettes, arôme que seuls les vrais cigares de la Havane peuvent prétendre égaler.

Toute la science du préparateur pour la Régie doit donc consister à opérer la fermentation progressive sous la plus grande pression possible, et à prendre l'habitude, par l'expérience, de ne l'arrêter qu'au point où le développement de chaleur devient un danger.

C'est la crainte de ce danger, qui, en poussant à démolir les masses avant que la chaleur ait atteint le degré nécessaire au succès, fait que personne n'a encore fourni des échantillons reconnus conformes aux exigences de la régie : la feuille est belle, la nuance n'est pas mauvaise, le tissu est fin et solide, mais pas d'arôme, pas de combustibilité ! Rien d'étonnant : du travail exigé, on n'a fait que juste ce qu'il faut pour neutraliser l'arôme et la combustibilité.

Tout cela n'a pas été étudié avec assez de soin, et lorsqu'on s'en sera donné la peine, l'impossible deviendra facile. *Doceat experientia*...

Pour arriver à obtenir des planteurs qu'ils portent toute leur attention sur cette préparation, le Conseil général a pris récemment des mesures qui lui font honneur : il a voté en même temps une somme de *vingt mille francs* pour faire les frais d'installation dans la Colonie d'un agent de la Régie à qui seraient vendus directement et sur place, les tabacs qui rempliront les conditions requises, et une égale somme, destinée à primer, proportionnellement à leur mérite, les tabacs dont la qualité repondra aux exigences de la Régie. Ce moyen est certainement le meilleur qui pût être mis en œuvre, car l'agent en question sera un ingénieur qui, tout en faisant les affaires de la Régie, continuera, au point de vue du perfectionnement de la culture et de la préparation, l'œuvre commencée par M. Michel.

On a conseillé d'attendre que les qualités soient obtenues avant de faire venir l'agent ; c'est une opinion que nous ne saurions partager. Notre conviction est que si le plan auquel le Conseil général a donné son adhésion n'est pas mis en pratique, il ne sera bientôt plus question dans l'île de plantations en vue de la Régie, et tout le bien produit par le séjour de M. Michel y sera perdu.

Les prodiges faits par les planteurs de vanille avaient pour stimulant le prix énorme auquel ce produit était vendu.

Pareils prodiges seront faits le jour où la combinaison du prix de vente avec la prime mettra le planteur en face d'une réalisation très avantageuse.

Nous appelons donc de tous nos vœux la

réalisation du plan adopté par le Conseil général.

***

La législation actuellement en vigueur à la Réunion frappe d'un droit de un franc par kilog, le tabac consommé dans le pays. Ce tabac est livré à la consommation, haché, en paquets de 10, 15, 30 grammes revêtus d'une bande délivrée par l'Administration.

Le tabac étranger, servant à la fabrication des cigares, paie un droit de 2 f. 50 par kilog. à l'entrée, et dans le but de stimuler la production des feuilles préparées pour cigares, celles-ci ne sont frappées d'aucun impôt.

Si les fabricants de cigares avaient secondé ce mouvement, ils auraient, en offrant des feuilles du pays un prix égal au prix de revient de celles qui viennent de Coringhy, stimulé les planteurs à perfectionner leur produit; mais il n'y a eu de leur part aucun élan vers ce résultat.

Et cependant, nous prenons pour juges tous les visiteurs qui pourront examiner, à l'Exposition, les échantillons de cigares fabriqués avec les feuilles récoltées et préparées dans la Colonie : n'est-ce pas que ces spécimens sont de nature à décider le Gouvernement à favoriser cette industrie par tous les moyens en son pouvoir ?

Le meilleur moyen d'encourager serait de ne pas refuser avec trop de sévérité les produits résultant des premiers essais, de payer plus ou moins cher, mais de prendre tout ce dont la Régie, grâce à son admirable organisation, peut tirer parti d'une manière ou d'une autre. Le premier effet de cette attitude sera de faire cesser les exigences des fabricants de la place, qui achètent ordinairement le tabac en carottes au dessous de *un franc* le kilog., prix auquel le planteur n'est pas suffisamment payé de la peine que donne la culture et la préparation d'un bon produit.

Que la Régie ne soit pas retenue par la réputation qu'ont les tabacs de la Réunion d'avoir une teneur très élevée en nicotine. Cette réputation vient de ce que nos planteurs avaient intérêt, au point de vue du rendement en poids, à cultiver des variétés fort inférieures, grossières et chargées en nicotine, telles que la *langue de bœuf*, qui donne des feuilles de près d'un mètre de long; larges et épaisses, à côtes énormes. On trouve là plus de 7 0/0 de nicotine.

Quelle différence avec les variétés introduites par M. Michel ! Voici les résultats d'analyses demandées par nous pour les premiers essais faits sur la propriété l'Etang, à Saint-Leu, en 1885. La localité appartient à la zone la plus sèche de l'île.

N. B. — Les feuilles ont été séchées et analysées avant d'avoir subi aucun travail de fermentation.

Type de la Régie : coëf. : 3.7 = 2° 44
1. Rio-Grande . . . . . . 5.8 = 3° 30
2. X. . . . . 5.8 = 3° 82
3. Havane. . . . . 5.7 = 3° 75
4. Sumatra. . . . . 4.8 = 3° 17
5. Bourbon (tabac bleu). 4.7 = 3° 0[illegible]
6. Paraguay. . . . . 4.5 = 2° 97
7. Saint-Domingue. . . . 3.7 = 2° 40

* * *

Notre conclusion est que les habitants de la Colonie sont dans les conditions les plus favorables pour fournir à la Métropole une partie importante des 15 à 20 millions de kilog. de tabac qu'elle est obligée de demander à l'étranger ; tous ces produits n'appartiendront pas à la catégorie de ceux que la Régie paie de 7.50 à 12 francs le kilog., mais celle-ci pourra s'adapter les tabacs variés que produira la Colonie ; l'important est que, par la certitude d'un débouché illimité, les planteurs soient encouragés à un travail raisonné et soutenu.

Telle localité fournira du tabac très parfumé, telle autre des feuilles d'enveloppes, plus loin ce seront des tabacs qui trouveront place dans la fabrication du Caporal ; mais nous n'admettons pas que la Régie ne trouve pas l'emploi constant de notre production, qui, en somme, pourrait se chiffrer, en plein développement, par 1 million de kilog. peut-être.

Quel intérêt percevrait alors la Colonie sur les sommes qu'elle aura avancées pour assurer cet heureux état de choses ; il lui serait permis de percevoir ces droits que personne ne songerait alors à lui contester.

Quelle aisance dans la classe moyenne des agriculteurs !

Appelons ce résultat de tous nos vœux.

Les tabacs de l'île de la Réunion étaient représentés à l'Exposition de 1878 par 13 exposants, de produits tant en carottes qu'en feuilles.

Ils figurent à l'Exposition de 1889 comme suit :

Tabacs hachés, 40 bocaux par 13 exposants.

Tabacs en feuilles, 10 caisses et bocaux par 6 exposants.

Tabacs en carottes, 21 carottes par 13 exposants.

Cigares, 38 boîtes et bocaux par 18 exposants.

P. S. — Au moment de mettre sous presse, la Chambre d'Agriculture est saisie par l'Administration de propositions relatives au moyen le plus pratique d'assurer la production à la Réunion des tabacs d'exportation pour l'Europe. Puissent ses généreux efforts être secondés par les planteurs, et couronnés d'un succès auquel nous croyons fermement.

LE QUINQUINA ou CINCHONA

Pour ne pas tomber dans une discussion comme celle qui eut lieu en 1872 dans la presse coloniale entre le docteur Bories, rédacteur d'un *Journal d'Agriculture* qui vécut, hélas ! trop peu, et diverses personnes qui se croyaient capables de juger la question, nous appellerons toujours *quinquina* l'arbre dont l'acclimatation à l'île de la Réunion sera l'objet de ce chapitre.

Aussi bien, que peut faire à l'avenir de cette culture à la Réunion que la grande dame Péruvienne qui introduisit en 1632 le quinquina en Europe s'appelât *Madame Cinchon* en prononçant *ch* comme dans *Michon*, ou *Madame Cinchon*, en prononçant *ch* comme dans *Bacon* ?

Il est plutôt permis de s'arrêter un instant à une autre discussion qui s'est élevée lorsqu'il s'est agi de déterminer à qui revient l'honneur et le mérite de l'introduction du premier plant de quinquina dans la Colonie, et quels en furent plus tard les propagateurs.

Le Bulletin de la Société d'acclimatation de l'année 1863 contient, à la séance du 7 décembre, ce qui suit :

« Le docteur Auguste Vinson appelle l'at-« tention de la Société sur l'acclimatation « de l'arbre à quinquina à la Réunion. Cet « arbre, dit-il, autrefois si commun, dispa-« raît chaque jour par l'insouciance et l'in-« curie des habitants de la Bolivie.

« L'Europe s'est émue d'un pareil danger « et fait des efforts louables pour acclima-« ter dans les pays chauds qui sont sous sa « dépendance, un arbre si précieux. La « Hollande a acclimaté à Java le quinquina, « l'Angleterre l'a imitée en l'acclimatant « dans l'Hindoustan.... Il serait à désirer « que l'île de la Réunion entrât dans cette « voie en faisant demander en France et « dans l'Inde quelques pieds de quinquina. « J'ai eu l'honneur d'appeler sur ce point l'at-« tention de la Chambre d'Agriculture en « émettant le vœu de cette acclimatation. « Elle a pensé avec raison que je devais re-« mettre en vos mains la solution de cette « utile entreprise. » (Société d'acclimatation, 7 déc. 1863).

Dans une brochure publiée en 1870 par le Comité central d'Exposition, M. de Guigné, rapporteur d'une Commission chargée d'étudier les progrès de la culture du quinquina, a résolu la question délicate de cette priorité ; nous lui donnerons la parole :

« C'est bien le docteur Auguste Vinson « qui est le promoteur de la culture du « quinquina ; il n'y a pas moyen d'aller con« tre une preuve qui résulte d'une date cer« taine.

« La proposition faite par M. Vinson est « prise en considération, mais comme cela « n'arrive que trop souvent, il n'y est donné « aucune suite.

« En 1861, il renouvelle sa tentative. Cet« te fois il s'adresse au Gouverneur, M. Du« pré, et par son intervention, obtient de « lady Barklay, la femme du Gouverneur de « Maurice de cette époque, quatre plants de « *Cinchona officinalis*. Ces plants périrent « à Saint-François où ils avaient été mis en « terre.

« Dans cette année 1865, la Société d'ac« climatation reçut, il est vrai, de M. Pol« len, naturaliste hollandais voyageant dans « nos parages pour le compte de son Gou« vernement, des graines de plusieurs es« pèces de cinchonas ; mais ces graines « n'ont pas germé, paraît-il, puisque nous « en n'avons trouvé trace nulle part, pas mê« me à l'Ilet à Guillaume, où l'on a dit que « des plants en provenant avaient été envo« yés.

« M. Vinson ne se découragea pas ; en « 1865 même il s'adresse au général Morin, « à Paris, et par son entremise, obtient de « M. Decaisne, membre de l'Institut, des « graines que le fils du général, M. Edouard « Morin, devenu depuis longtemps un des « nôtres, fut chargé de lui remettre. Une « lettre du général, en date du 6 Avril 1866 « ne laisse aucun doute à cet égard.

« Ces graines semées par le Dr Vinson à « Saint-Denis, fournirent plusieurs plants..

« M. Edouard Morin n'a pas cessé de faire « venir, à ses frais, des graines de quinqui- « na, et de les distribuer gratuitement à « tous ceux qui lui en ont demandé. Son nom « doit rester étroitement associé à celui du « Dr Vinson, quand il s'agit de l'introduc- « tion du précieux arbre dans le Pays. »

Voilà donc pour le promoteur et les premiers introducteurs ; reste à établir à qui revient le mérite d'avoir réussi à l'acclimater.

C'est plus difficile, car en même temps, M. Vinson à Salazie, M. Rattaire au Brûlé de Saint-Denis, les Pères du Saint-Esprit à l'Ilet à Guillaume, M. E. Reydellet, M. E. Héry au Brûlé ont réussi des plants et obtenu des graines fécondes ; les efforts de ces Messieurs ont donc concouru dans la même mesure à l'acclimatation des premiers plants de quinquina, mais ceux qui ont le plus grand mérite, sont ceux qui sont arrivés par la patience et l'étude de cette plante si délicate, à posséder le moyen de sauver les semis et qui ont pu ainsi, depuis quelques années, offrir aux planteurs telles quantités de plants qu'ils ont désiré mettre en terre.

Voici ce que nous écrivions le 18 avril 1882 dans notre journal, le *Sport colonial*, sur ce sujet :

Le *Moniteur* a publié l'avis suivant :

« A partir des premiers jours de mai, M.
« Héry pourra livrer à MM. les habitants des
« plants de quinquinas. »

Le moment est donc on ne peut plus opportun, pour appeler l'attention de nos colons sur une culture qu'on connaît généralement peu, par la bonne raison, d'abord, qu'on a peu cherché à la connaître, ensuite parce que personne n'a réussi à la vulgariser au moyen de la Presse.

Rendons cependant justice au docteur Bories qui, dans son *Journal d'Agriculture*, dont la publication fut interrompue par sa mort, entreprit d'éclairer la Colonie sur cette importante culture ; mais nous nous souvenons qu'il en résulta une polémique sur la manière de prononcer le mot *Cinchona*, et les choses en restèrent là.

A cette époque, on ne pouvait pas dire grand'chose de concluant sur l'acclimatation du précieux arbre, car le docteur Vinson et

M. Rattaire ne faisaient que commencer leurs expériences ; mais aujourd'hui la lumière est faite, et on peut dire hardiment que les trois meilleures espèces de cinchonas, cultivés normalement, c'est-à-dire à une altitude et dans des terrains convenables, donnent les meilleurs résultats. Ces espèces sont :

Cinchona Calisaya ou quinquina jaune
» *Succirubra* ou » rouge
» *Officinalis* ou » gris

Ce sont ces trois espèces qui ont pu également être acclimatées à Java et dans d'autres colonies hollandaises, dans les montagnes du Nilgherry dans l'Inde, puis à Ceylan.

Les premiers essais des Hollandais à Java ne remontent pas au-delà de l'année 1862, et grâce à leur persévérance, le succès qui couronna leur œuvre ne tarda pas à donner un essor considérable à cette nouvelle culture, qui constitue aujourd'hui un des principaux produits d'exportation de Java, soit une valeur au moins de 40 millions par an.

Un habitant de cette colonie, grand planteur de quinquina, voyageant avec un passager pour la Réunion, lui donnait dernièrement les détails les plus entraînants sur cette culture, et n'hésitait pas à dire que si le quinquina s'acclimatait chez nous, on ne devait pas hésiter à tout détruire pour en mettre à la place. C'est un peu exagéré, mais cela peint bien l'enthousiasme du planteur qui réussit.

Nous ne détruirons rien et nous planterons beaucoup de cinchonas, parce qu'ils se plaisent surtout dans les régions qui ne conviennent pas aux autres plantes.

*
* *

La plus grande difficulté, on peut le dire, a été d'obtenir des plants, et jusqu'à présent, paraît-il, les habitants de Java ne les réussissent que par le bouturage, tous leurs efforts dans le but de les avoir en semis étant restés infructueux.

A la Réunion, grâce à une persévérance au-dessus de tout éloge, après des années de patientes expériences souvent entravées par de grandes déceptions, M. Héry est arrivé à obtenir des plants qui ne laissent rien à désirer, et qu'on peut acheter sans arrière-pensée, puisqu'ils ont fait leurs preuves. Ce n'est pas seulement sur sa propriété du Brûlé qu'on peut acquérir la démonstration de ce que nous avançons ici, car une plantation de mille plants faite à Moka, en 1880, par le Crédit foncier, a parfaitement réussi, et une autre de 200, sur la propriété de l'Étang, à Saint-Leu, en 1881, donne toute satisfaction.

Quant aux arbres adultes, nous signalerons aux curieux celui qui existe chez M. Reydellet, au Brûlé, dont la tête n'a pas moins de 28 à 30 pieds de haut et dont la circonférence, à 1 m. du sol, atteint 0 m. 42 cent. L'estimation de la valeur d'un arbre de cette dimension ne peut pas être de moins de 50 francs.

Le quinquina dont nous venons de parler n'a pas plus de dix ans. Il est reconnu que les meilleures écorces se retirent des arbres de 6 à 8 ans.

***

Mais, quelle est la valeur des écorces produites dans la Colonie ?

Voilà une question qui a encore été résolue de la façon la plus encourageante, grâce aux envois du docteur Vinson et aux travaux de notre compatriote Edouard Trouette. Le *Cinchona officinalis* ou quinquina gris, venant de Java, ne donne qu'un rendement en quinine de 20 gr. par kilog., tandis que les écorces provenant de Salazie (Vinson) ont donné 45 gr. 05 (thèse d'Ed. Trouette). Cette richesse équivaut à celle des écorces de *Calisaya* les plus estimées, ce qui peut amener à penser que cette dernière espèce, cultivée ici, donnerait un titrage bien plus élevé encore.

***

Rien ne saurait désormais justifier l'indifférence de nos habitants pour une culture qui offre de si belles perspectives et demande bien peu de frais après la plantation; une surveillance intelligente, des soins attentifs, voilà surtout ce qu'il faut aux quinquinas.

L'altitude du ras des bois à monter, devra convenir à peu près partout, et les pentes légères à drainage naturel seront les plus convenables. Les balisages à niveau sous bois ont donné les meilleurs résultats, en ménageant l'air et l'ombrage les plus favorables au premier âge.

Plantons donc, il s'agit d'un produit dont la consommation grandit avec la production au lieu de s'arrêter à un maximum, comme celle de la vanille, par exemple. Plantons, car en même temps que le quinquina entre dans la composition de toutes les boissons hygiéniques, le prix du sulfate de quinine devient chaque jour plus élevé et atteignait, dernièrement, 500 francs le kilo. Plantons!

***

Voici des chiffres relatifs au résultat donné par la culture du quinquina dans les Nilgherries, par les soins du gouvernement de Madras; ils se passent de commentaires.

En 1876-77 le total des dépenses faites s'élèvaient à R. 118,742. C'était la première année à bénéfice ; il y eut, en fin de compte, un bénéfice de R. 218.

En 1877-78, on vend pour R. 371,071, donnant un boni de R. 136,843.

En 1878-79, vente R. 430,908, boni R. 286,729
En 1879-80, » » 489,730, » » 333,023.

N.-B. — La culture des quinquinas dans l'Inde, vu la température très élevée de la plaine, exige une altitude de 2,000 mètres. A la Réunion, celle de 900 mètres à monter suffit.

***

Le 27 février 1888, six ans après, voici ce que publiait encore le *Sport Colonial*, nous aimons mieux reproduire notre article que de nous répéter :

Le Quinquina

En lisant ces jours derniers que le service des forêts était sur le point de mettre aux enchères quatre-vingts kilogrammes d'écorce de quinquina ; en voyant, d'autre part, que M. Héry annonce qu'il tient à la disposition des habitants des plants de quinquina en mousse à 0,25 ou en caisse à 0,05 c., nous avons pensé que le moment était peut-être favorable à une étude sur l'état actuel de la culture du précieux arbre dans la Colonie.

Nous ne voulons parler que des essais tentés depuis 1880 sur différents points de l'île, et qui paraissent tous avoir donné des résultats fort encourageants surtout pour la variété *succirubra*.

M. Héry, qui est arrivé à la perfection aujourd'hui dans la conduite des semis de quinquinas, si délicats, a fourni depuis 1880, en dehors des plantations entreprises pour son propre compte au Brûlé et à la Montagne de Saint-Denis, les quantités suivantes :

Au Crédit Foncier (Moka) 1,500 plants en 1880 et 1881.

A la Société l'Etang (Saint-Leu) 1,200 plants en 1881 et 1882 et 1,000 plants en 1887.

A l'Etablissement Grande-Ravine (Saint-Leu) 1,550 en 1883.

A M. A. Finaud (Saint-François) 2,100 en 1883 et 1884.

A. M. Adrien Bellier (Saint-Benoit) 1,250 en 1884 et 1885.

A MM. Isautier frères (Saint-Pierre) 1,000 en 1885.

A M. Hugot (Sainte-Rose) 1,000 en 1885.

A M. Berthier » »

A M. J. Lory » »

A l'établissement Cratère (Saint-Benoit) 1,000 en 1885.

De 1885 à 1887, le service forestier a pris 11,600 plants et continue, depuis lors, ses plantations au moyen de semis qu'il fait lui-même.

M. Héry n'a pas fait état des fournitures faites à divers par quantités de 500 plants et au-dessous.

On voit, d'après les chiffres ci-dessus, si jamais l'exploitation des écorces de quinquina contribuait à la fortune de la Colonie, à qui en reviendra le principal mérite.

***

Nous disions tout à l'heure que ces expériences avaient donné de bons résultats ; si nous nous sommes trop avancé en le disant, nous prions instamment les propriétaires qui ont fait des observations contraires à nous les faire parvenir ; nous ne croyons pas que nulle part l'expérience ait eu un caractère décourageant.

Ici, l'*officinalis* ne s'est pas plu aussi bien que là.

Chez celui-là, l'altitude n'a pas été favorable au *succirubra*.

Mais partout il a été prouvé que lorsque l'expérience aura appris aux planteurs tout ce qu'il faut observer pour que telle variété soit adaptée à telle altitude ou à telle localité, les arbres donneront d'excellents résultats.

Au point de vue de la qualité des écorces, il n'y a pas la moindre crainte à exprimer, car depuis longtemps le laboratoire a prononcé. Les écorces des variétés les plus pauvres sous d'autres climats, produites à la Réunion, donnent le maximum de richesse en quinine.

Il n'y a donc plus de raisons pour que tous les terrains qui se prêtent à des plantations de quinquinas n'en soient pas couverts, aujourd'hui que l'école est faite, et surtout que le prix des plants est devenu abordable pour tous.

Nous sommes loin, en effet, de l'époque où M. Héry ne pouvait livrer un plant *en tente* à moins d'un franc.

Maintenant il peut en livrer par telle quantité qu'on voudra, soit enracinés dans de la mousse, soit en caisses, quelle qu'en soit la quantité. Les premiers coûtent 25 fr. le cent, les seconds 50 fr. le mille. Cette différence est facile à expliquer, car il a fallu se donner la peine de les installer dans la mousse et de les y soigner jusqu'à la livraison, tandis que les plants en caisse sont vendus tels quels, et c'est à l'acheteur qu'incombe la délicate opération de la mise en mousse ou en tente ; nous devons dire que l'acheteur d'une caisse reçoit les instructions écrites pour les opérations à faire.

La première recommandation qui est faite c'est de ne donner aux jeunes plants qu'un arrosage modéré, c'est-à-dire une ou deux fois par semaine, lorsque le temps est très sec.

La saison dans laquelle nous entrons est éminemment favorable aux plantations de quinquinas, comme à la mise en mousse des jeunes plants ; suivant les localités, on peut mettre en terre depuis mars jusqu'en juillet, août et même au-delà.

*
* *

Nous reviendrons, en terminant, sur la vente prochaine des écorces du service forestier, pour rechercher les raisons qui font que ce produit, qui a paru sur le marché depuis deux ans, a été délaissé par les pharmaciens et, par suite, vendu à des prix ridiculement bas. Cependant, les particuliers qui en ont acheté sont d'accord pour affirmer que la qualité est excellente et nous pourrions citer tel père de famille qui ne craint pas de déclarer que la fièvre, chez lui, n'a cédé le pas qu'à ce quinquina.

Cette écorce est, en vérité, bien plus riche que toutes celles qui viennent du dehors, les pharmaciens le savent mieux que nous. Mais voilà, elle n'est pas *jaune*, et ce qui n'est pas jaune ne saurait être acceptable. Or, les arbres exploités jusqu'ici par le service forestier sont des *officinalis*, et cette variété fournit le quinquina gris, qui est réputé inférieur au jaune.

Cette défaveur, justifiée, paraît-il, ailleurs, n'a pas sa raison d'être à Bourbon, où l'officinalis est très riche, il faut qu'on le sache, et nous le crions bien haut pour que tous ceux qui emploient les écorces viennent en acheter, et c'est aux pharmaciens surtout qu'incombe le devoir de faire taire un préjugé regrettable.

Le *succirubra*, qui donne le quinquina jaune, est, du reste, celui que M. Héry offre aux planteurs, et c'est la variété qui se développe le plus rapidement à Bourbon ; son écorce est encore cotée, malgré la grande baisse qu'a subie le sulfate de quinine, 15 francs le kilogramme.

Un fait pour terminer : Un quinquina d'une dizaine d'années, sur la propriété Reydellet, au Brûlé, exploité en grand, a rapporté, en écorce, la somme invraisemblable de 75 francs.

Pendant le courant de l'année 1888, M. E. Héry a fourni encore d'importantes quantités de plants de quinquinas, notamment à la Société civile de l'Etang, à Saint-Leu, qui a augmenté sa plantation de près de 3,000 arbres.

Nous croyons donc qu'il est juste d'attribuer à M. Emile Héry la plus large part au mérite d'avoir acclimaté le quinquina dans la Colonie.

Ainsi qu'il résulte des chiffres qui précèdent, M. E. Héry a fourni également des plants au service forestier jusqu'en 1887 ; depuis lors, le chef de ce service a pris l'initiative de faire lui-même des semis pour la plantation de certains terrains domaniaux qui se prêtent favorablement à la culture du quinquina.

M. Goizet, dont la haute compétence et le dévouement à son œuvre sont chaque jour plus appréciés dans le Pays, a étudié l'économie du quinquina avec beaucoup d'attention et les conseils qu'il a donnés récemment aux planteurs de cet arbre prouvent qu'il a pu être fixé sur les conditions les plus essentielles pour la réussite.

Voici la notice qui fut publiée par l'*Officiel*, il y a quelques mois, et qui résume de la façon la plus claire tous les soins demandés par le quinquina.

Notice sommaire pour la plantation des Quinquinas.

I. — *Choix du terrain.* — Le terrain à choisir doit être en forêt à une altitude comprise entre 500 et 1,000 mètres.

Les versants à pente douce des petites ravines ou dépression orientés en sens contraire de la direction générale des vents, sont très propices à la culture du quinquina.

Le sol doit être assez profond, couvert d'humus, ni *compacte*, ni *très humide*.

Les parties de forêts complétement épuisées par des exploitations abusives, et envahies aujourd'hui par les bruyères et les ambavilles doivent donc être tout d'abord écartées.

II. — *Préparation du terrain.* — La première opération est le débrouissaillement du terrain, que l'on peut faire soit en entier, soit par lignes parallèles de 4 m. de largeur. Le débroussaillement complet sera toujours préférable, hors le cas où la pente du terrain étant rapide, le maintien des bandes bien boisées serait utile pour retenir les terres et s'opposer au ravinement des eaux.

Tous les arbres de bonnes essences, toutes les cépées un peu élevées doivent être soigneusement conservés : un couvert élevé et peu dense est indispensable aux quinquinas dans leur jeune âge. Ce couvert est ensuite très aisément éclairci au fur et à mesure que la plantation des quinquinas s'est développée. Il disparaîtra complètement au moment de la première exploitation.

Les jeunes plants de quinqninas doivent être mis en terre dans des trous espacés de 3 m. ou 3 m. 50 en tous sens. Ces trous doivent avoir 0 m. 33 de diamètre et 0 m. 40 de profondeur.

Au moment de la plantation, la terre du trou en est retirée, nettoyée et soigneusement mélangée à la main avec 1/3 ou 1/2 de son volume de fumier ou de terreau de forêt. Le tout est remis dans le trou, au milieu duquel on fait alors la place du plant de quinquina. On tasse ensuite à la main, de manière que le plant ne soit ni enfoncé au-dessous de la surface générale du sol, ni trop élevé au-dessus.

III. — *Entretien.* — Le seul entretien d'une plantation de quinquinas consiste :

1° A nettoyer les plants des herbes qui les envahissent ;

2° A protéger leur pied contre les racines que jetteraient dans leur trou les arbres voisins dont l'abri leur est pourtant indispensable ; on obtient très bien ce résultat à l'aide d'une barre à mine à bout aplati et bien tranchant ou à l'aide d'une sorte de couteau plat muni d'un manche, avec lesquels on laboure le sol tout autour du trou et loin des racines du quinquina à 0 m. 40 ou 0 m. 50 de profondeur ;

3° A éclaircir progressivement le couvert protecteur, de manière que le quinquina grandissant vive de plus en plus en atmosphère libre.

IV. — Il est enfin très important de maintenir toujours le sol de niveau avec le collet de la racine du quinquina. L'élévation de la terre le long de la tige fait bourgeonner celle-ci de toute la partie couverte de terre et finit par concentrer toute végétation au niveau du sol, en faisant dépérir les tiges élevées.

V. — L'exploitation doit se faire vers

l'âge de 8 ans, REZ-TERRE à la scie fine, la section est repassée au couteau bien tranchant tout autour de la souche pour empêcher les décollements de l'écorce.

VI. — Un an *seulement* après l'exploitation il faut enlever au sécateur, parmi les rejets formés et tous conservés jusque-là, ceux qui sont sans avenir, ou incapables de vivre de leurs propres racines. Ainsi la souche s'étend et le taillis se pourra perpétuer indéfiniment.

20 décembre 1888.

*
* *

Note sur l'état des plantations de Quinquinas faites par le service forestier.

En 1884, il existait à l'Ilet à Guillaume et dans les Ilettes de la Rivière des Pluies 2,400 quinquinas officinalis, plantés depuis une quinzaine d'années et presque abandonnés. Les tiges de ces arbres étouffées par les lianes et les arbres voisins, étaient pour la plupart couchées sur le sol. L'exploitation en taillis et le dégagement des souches reconstituent chaque année une partie importante de ces plantations.

Depuis 1884, il a été planté et réussi :

Quinquinas officinialis et succirubras.

A l'Ilet à Guillaume...............	21,000
Aux Ilettes de la Rivière des Pluies	3,000
A reporter	24,000

Report.....	24,000
Au Brûlé..........................	1,200
A Bretagne........................	2,000
A la Grande-Ravine..............	2,000
A Mon-Repos......................	1,500
A la ravine du Cap...............	500
A Cilaos et Salazie...............	500
Total des plants réussis au 26 décembre 1888..................	31,700

En outre, en 1888, le service forestier a distribué à divers propriétaires, ainsi que suit, la quantité de 4,150 plants de quinquinas officinalis :

M. Alex. Hoarau, pour Monplaisir	1,000
Crédit foncier, pour Bagatelle......	300
M. De Laprade, Saint-Paul........	500
M. Potier, professeur, pour divers propriétaires......................	650
M. Potier, directeur du Jardin colonial................................	50
M. Chabrier, au Gol (Belle-Vue)...	500
M. Bourgine, îlettes de Langevin..	250
M. Pélagaud, Désert...............	150
M. Lory, au Chaudron............	250
M. de K/véguen, au Tampon......	250
M. Berthier, Saint-François......	100
	4,000
Crédit foncier, Moka.............	150
Total.............	4,150

Les pépinières contiennent actuellement :

A l'Ilet à Guillaume..	3,000	plants repiqués.
	4,000	semis bien levés.
Au Brûlé...........	1,500	plants prêts à planter.
	4,000	plants repiqués.
A Cilaos............	2,000	semis bien levés.
A la Rivière des Pluies	2,000	semis bien levés.
Total..........	16,500	

Saint-Denis, le 26 décembre 1888.

Le Chef du service,
G. Goizet.

Procédés de récolte. — Le quinquina est exploité soit par le procédé du *moussage*, soit par celui dit en taillis. L'expérience dira quel est celui des deux qui convient le mieux à notre colonie.

Moussage. — L'opération consiste à enlever à l'arbre, lorsqu'il a atteint six ans, longitudinalement, une série de lanières d'écorce de quelques centimètres de large, suivant le développement de l'arbre, et surtout de sa hauteur ; l'espace entre ces lanières doit être égal à leur largeur ; ce décollement se fait avec une grande facilité, surtout avec le *succirubra*.

On enveloppe ensuite l'arbre entier de mousse de forêt, en forçant l'épaisseur de la couche sur les endroits écorcés ; cette mousse est ficelée du haut en bas. L'année suivante l'écorce est reformée sur la bande où elle a été enlevée, et, chose remarquable, cette nouvelle écorce, plus épaisse, plus dense, est aussi plus riche en alcoloïde que le reste.

La seconde année de l'exploitation, on enlève les écorces naturelles laissées en place à la première, de sorte qu'à la troisième, on se trouve en présence d'une écorce entièrement renouvelée.

Voici le rapport de richesse entre l'écorce naturelle et l'écorce renouvelée, d'après M. Planchon :

Ecorce naturelle 9.28 d'alcoloïdes dont 1,16 de quinine ;

Ecorce moussée 10.27 d'alcoloïdes dont 1,30 de quinine ;

Ecorce renouvelée 11.10 d'alcoloïdes dont 4,00 de quinine ;

Le tout pour 100.

L'arbre conserve cette faculté de reproduction pendant de longues années.

En taillis. — Si on coupe à un pouce du

sol un quinquina de 2 à 3 ans, on constate, un an après, qu'il est remplacé par 3 ou 4 nouvelles tiges qui ont atteint dans cet espace de temps un développement égal à l'arbre coupé. Dès lors, l'opération est facile à concevoir : chaque année les tiges sont coupées, et elles livrent ainsi toute leur écorce jusqu'à l'extrémité de leurs branches, et plus on coupe, plus le nombre des rejets serait grand si on n'intervenait pour le régler en sacrifiant les petits au profit des plus beaux.

Quel est, des deux procédés que nous venons de décrire, celui qui présente les meilleurs avantages ?

Nous ne saurions répondre à cette question, n'ayant entre les mains aucune donnée sur les expériences faites, si tant est qu'il en ait été fait de sérieuses ; nous pensons que si le taillis facilite le travail et augmente le rendement en écorces, il est à présumer que la richesse en alcoloïdes doit être moins élevée en faveur du moussage. Mais c'est là une opinion que nous ne pouvons émettre que sous toute réserve.

Les écorces de la Réunion ne sont représentées à l'Exposition de 1889 que par quelques spécimens de peu d'importance ; cela vient de ce que la plupart des plantations ne sont pas encore en âge d'être exploitées utilement, et les propriétaires ne pouvaient présenter un produit incomplet qui eût été mal placé pour démontrer les qualités supérieures des écorces de la Réunion.

DISTILLATION

Industrie Guildivière

La vieille expression *Guildive*, qui signifie : *eau-de-vie de sucre*, n'est plus employée, mais elle subsiste dans l'industrie de la distillation des mélasses à la Réunion, et lui a donné le nom d'*Industrie Guildivière.*

C'est l'annexe puissante de l'industrie sucrière, dont elle emploie les bas produits pour former le principal élément du budget de la Colonie.

En effet, les droits que perçoit le fisc sur le rhum consommé dans la Colonie, représente près de la moitié de ce budget, et le tiers en est attribué aux Communes.

La consommation du rhum, qui, en 1818, dépassait à peine 500 mille litres (1), s'est élevée successivement aux environs de 16 à 1700 mille litres.

Le droit actuellement perçu est de 3 fr. par litre d'alcool pur, ce qui, au degré 49 exigé, porte à 1 fr. 57 la charge supportée par un litre de rhum consommé à la Réunion.

L'industrie guildivière a vu bien longtemps son essor limité aux quantités nécessaires à la consommation locale ; cet état de choses

---

(1) Imhaus. Notes de 1862.

était dû à l'absence de tout débouché d'exportation, par suite de notre isolement.

Cet isolement était cause du prix élevé du fret de sortie, quelque fût le point sur lequel la Colonie dût jeter ses regards et la qualité des produits ne permettait pas d'espérer, sur d'autres marchés, des prix capables de compenser le taux du fret.

Ce n'était pas la seule difficulté que rencontrât la Colonie pour l'exportation de ses rhums: le logement, outre qu'il coûtait très cher, n'inspirait aucune confiance et à juste titre; les essais tentés avaient eu à supporter des coulages dont la proportion était faite pour décourager les plus hardis.

***

Nous avons parlé de la qualité des rhums: en effet, à part quelques distillateurs qui s'appliquaient à fabriquer une partie de leurs produits en vue de la faire consommer par la classe aisée de la population, les autres livraient des rhums inférieurs. N'ayant d'autre préoccupation que celle du degré alcoolique, la distillation n'était de leur part l'objet d'aucun soin, d'aucune étude, et avec les excellentes mélasses produites par des appareils qui y laissaient une proportion relativement très forte de sucre, ils produisaient des rhums détestables.

Les phases de la fermentation n'étaient

pas surveillées avec le soin assidu qu'elles exigent, et en un mot, la distillation était régie par *l'à peu près* qui a trop longtemps présidé à tous les travaux délicats dans cette Colonie.

Les choses ont, depuis quelques années, changé du tout au tout, et les progrès considérables réalisés déjà ne sont que le prélude de ceux qui se préparent, et qui mettront l'industie guildivière parmi les plus riches facteurs de notre exportation.

Du jour où il fut possible à nos alcools d'aborder les marchés européens, chacun s'appliqua à améliorer les produits de sa distillation, et à obtenir la force alcoolique en même temps que la qualité de finesse. Une industrie nouvelle prit naissance : c'est celle de la reconfection pour les rhums des futailles qui servent à nous porter le vin de France.

La baisse du fret fut le premier stimulant à tenter la vente de nos rhums sur le marché français, mais si les premières tentatives ne furent pas encourageantes pour ceux qui n'avaient pas expédié des produits de qualité courante, certains distillateurs se firent remarquer et se créèrent rapidement un important débouché.

Les taffias de la Réunion auront encore à lutter contre la réputation acquise de ceux des Antilles, mais il est permis de prévoir le moment où tous les préjugés qui existaient à cet égard tomberont devant la démonstration aujourd'hui faite de l'excellence des alcools expédiés de notre Colonie.

L'Exposition de 1889 mettra en brillant relief les progrès réalisés depuis dix ans par cette industrie. En effet, alors qu'à celle de 1878, l'île de la Réunion ne fut représentée que par quelques rares échantillons de rhum, cet article tiendra en 1889 une des premières places, la plus brillante peut-être, dans la collection industrielle de cette colonie. C'est celui des produits qui mérite le plus d'attirer l'attention des visiteurs et des commissions.

***

Les progrès réalisés par nos distillateurs ont une importance considérable, au moment où la question des alcools vient d'être, de la part des Chambres, l'objet d'études très sérieuses.

La France se préoccupe à juste titre de cette plaie sociale, l'*alcoolisme*, qui ne fait tant de mal que parce que l'ouvrier, à la fin d'un pénible labeur, ne trouve à la place du réconfortant dont ses organes ont besoin, qu'un affreux poison qui lui semble, sur le moment, remplir le but recherché, mais qui le dégrade physiquement et moralement par une action lente, progressive et *sûre*.

« L'alcool, a dit récemment M. Léon Say (1), est une plaie sociale. Depuis quelques années surtout, les symptômes du mal ont pris chez nous les caractères les plus inquiétants. Non seulement les hommes, mais les femmes, les enfants eux-mêmes en sont atteints. Les maladies mentales qui en sont la conséquence, amènent aujourd'hui des accidents inconnus. Ceux qui sont atteints du mal de l'alcoolisme perdent toute faculté de résistance aux suggestions de leurs passions. Ils agissent comme sous l'impulsion d'un premier mouvement animal qui ne paraît plus dirigé ou réglé ni contenu par l'intelligence. L'affaiblissement cérébral des alcoolisés ne porte d'ailleurs pas tout de suite atteinte à leur puissance physique ; seulement, les actes qu'ils ont encore la force d'accomplir n'ont plus de relation avec leur volonté réfléchie.

« Ils deviennent méchants et dangereux pour le présent et pour l'avenir. S'ils donnent naissance à une postérité, ils lui transmettent le germe de leur maladie, et celui de la dégénérescence de la race est introduit par eux dans la nation. Ils sont les ennemis d'eux-mêmes, de leur famille, de leur patrie.

La marche croissante du fléau en France

---

(1) Rapport de la Commission des alcools, 1888.

coïncide avec l'augmentation considérable qui s'est produite depuis quelques années dans la consommation de l'alcool en général et surtout depuis que les alcools d'industrie ont pris la place des eaux-de-vie de vins. »

Et plus loin :

« Les alcools d'industrie ont pris une place prépondérante et se sont substitués aux alcools de vins. On en fait des eaux-de-vie ; on les a introduits par le vinage dans les vins ; on les a importés de l'étranger sous diverses formes ; il a même fallu compter avec les vins d'Hambourg et du Nord de l'Allemagne où il n'y a pas d'autres vignobles que des champs de pommes de terre.

Le changement dans la nature du produit consommé a coïncidé avec l'apparition de symptômes morbides nouveaux.

On a pu comparer l'ivresse gaie, prompte à venir, prompte à partir, de notre ancienne Gaule, avec l'ivresse lente, envahissante, progressive, triste, et poussant au crime, qui caractérise nos alcoolisés modernes, fils dégénérés du Gaulois. »

*
* *

Nos lecteurs nous pardonneront cette longue citation, quand nous aurons fait connaître le but que nous poursuivons en l'empruntant à l'illustre économiste.

Notre but est de faire ressortir le contraste complet qui existe entre la situation de la France et celle de la Colonie, au point de vue des progrès de l'alcoolisme.

Pendant que l'hygiène publique avait, dans la métropole, à enregistrer la terrible influence, qui vient d'être décrite, de la consommation des alcools d'industrie à la Réunion, nous assistions à une marche en sens inverse des influences de l'alcoolisme.

Nous allons nous expliquer :

Il y a quelque trente ans, on s'en souvient, on ne pouvait faire un pas, soit en ville, soit à la campagne, sans rencontrer des ivrognes rendus au plus bas degré de l'abrutissement ; les jours de fêtes publiques, les cuvettes des rues regorgeaient d'ivres-morts que rien ne pouvait réveiller. D'autre part, ceux qui n'en avaient pas suffisamment absorbé pour être terrassés, accusaient un état de surexcitation telle qu'à chaque coin de rues on assistait à des batailles dans lesquelles la rage des combattants atteignait aux dernières limites humaines.

C'est qu'à cette époque le régime des alcools n'avait pas encore trouvé son assiette et la répression de la fraude n'avait pu encore avoir raison des alambics clandestins, qui florissaient de tous côtés et souvent au nez, à la barbe des agents.

Comme exemple, qu'il me soit permis de

citer cet industriel, qui condamné pour flagrant délit de distillation clandestine, eut l'audace de dire à haute voix et de façon à être entendu du Tribunal : « Bah ! Je suis pincé sur un moyen ; j'en avais vingt-six, donc i m'en reste vingt-cinq.... »

Or, ces fraudeurs fournissaient à la plus grande partie de la consommation et la preuve, c'est que de 5 à 600 mille litres, elle a passé, avec la répression des alambics clandestins, au double et au triple de ce chiffre.

Il est facile de comprendre que cette distillation clandestine qui se faisait dans les caves, dans les cavernes et partout où les fraudeurs pouvaient cacher un matériel des plus primitifs, produisait des liquides inqualifiables. En effet, des sirops de qualité inférieure, mis en fermentation sans avoir égard à aucune des règles si délicates de ce travail, donnaient un produit alcoolique plus ou moins infect qu'on livrait tel quel et à bas prix aux débitants.

L'absorption de pareils rhums était cause des désordres dont nous avons parlé tout à l'heure.

Aujourd'hui le régime est établi de façon à ce que la fraude soit devenue à peu près impossible.

***

Il résulte de cet état de choses et de l'émulation qui s'est emparée des distillateurs, que la fabrication est devenue l'objet des plus grands soins, parce que certains d'entre eux offrent à la consommation des qualités si fines, que les concurrents verraient leurs produits délaissés s'ils ne faisaient les plus généreux efforts pour les améliorer.

Il s'en suit qu'on ne rencontre plus aujourd'hui dans les débits de rhums qui pullulent dans les centres de population, de ces liquides nauséabonds, dont les noirs faisaient autrefois leur boisson favorite et qui causaient dans leur économie les désordres dont parle M. Léon Say.

Nous voyons chaque jour des hommes qui absorbent de telles quantités d'alcool, qu'il est permis d'affirmer qu'ils seraient tués si ces alcools contenaient des éléments toxiques; eh bien! ces hommes, après un sommeil, se lavent la figure et reprennent leur travail sans ressentir aucuns désordres cérébraux.

Telle est, à cet égard, la différence entre notre rhum et les eaux-de-vie d'importation, que si vous offrez à un ivrogne un verre de cognac, il le refuse avec horreur parce que *c'est trop fort*. Or, le degré d'alcool est souvent plus bas dans ces eaux-de-vie, mais l'effet toxique est, de leur part, confondu avec la force alcoolique.

Cela nous rappelle un bon père de famille qui avait l'habitude d'offrir à ses hôtes, à titre d'apéritifs, plusieurs boissons à choisir et qui ne manquait jamais de recommander le rhum de préférence, en disant :

« Prenez-*le*, mon cher, *il* n'a jamais fait « de mal à personne. »

* * *

Il est temps de conclure : Nous avons voulu attirer l'attention sur les alcools de la Réunion au moment où l'influence des alcools d'industrie sur l'hygiène publique est l'objet de la plus vive préoccupation des hommes qui ont charge d'y veiller en France.

Les échantillons que l'île de la Réunion présente à l'Exposition de 1889 sont de nature à faire sensation, et nous pouvons affirmer que les beaux résultats qu'ils marquent en faveur de notre production ne sont que le prélude de ceux que nous avons le droit d'attendre des travaux incessants auxquels se livrent des industriels dont les connaissances scientifiques sont guidées par une expérience acquise à l'œuvre même.

Lorsque les alcools de cannes de cette valeur auront pu être appréciés par l'industrie européenne, il est inadmissible que la faveur à laquelle ils ont droit pour la fabrication des liqueurs fines ne leur soit pas accordée, et alors la Colonie pourra, grâce aux larges débouchés qui lui seront ouverts, donner à sa production le grand développement qu'elle comporte.

*
* *

Voici la comparaison entre la production des rhums à la Réunion à dix ans d'intervalle.

1878

Livré à la consommation...	1,871,555 l.
Exporté...................	113,757
	1,985,312 l.

1887

Consommation..	1,444,326	
Exportation....	1,222,635	
		2,666,961
Différence en faveur de 1887		680,649 l.

Consommation :

1878	1,871,555 l.
1887...................	1,444,326
En faveur de 1878.........	427,229 l.

Exportation :

1878..................	113,757 l.
1887..................	1,222,635
En faveur de 1887.........	1,108,878 l.

LIQUEURS

Quelques distillateurs ont pris depuis peu l'initiative d'employer leurs alcools de cannes rectifiés à la fabrication de liqueurs à base essentiellement coloniale.

Cette nouvelle industrie est largement représentée à l'Exposition, et les échantillons ne peuvent manquer d'être l'objet d'une attention particulière de la part des commissions.

De l'essor que pourrait prendre à la suite de l'Exposition la consommation de ces liqueurs dépendra l'extension de la fabrication, et dès ici plusieurs producteurs sont prêts à travailler sur une grande échelle.

Quant à la consommation de la Colonie, elle n'est représentée encore que par un chiffre inférieur à dix mille litres, à cause de la concurrence des liqueurs inférieures exotiques qui encombrent le marché.

Parmi les variétés exposées, la crême de *Combava* doit particulièrement fixer l'attention par ses qualités remarquables et un caractère original.

Les trois principaux exposants produisent chacun un liquide qui diffère de ses concurrents par l'aspect.

Peverelly frères, jaune.
Pourquier frères, blanche.
Isautier et fils, verte.

Nous ne nous chargeons pas d'expliquer la cause de cette différence ; cependant il faut avouer que la nuance qui semble le plus en rapport avec le fruit du *combava*, c'est la nuance verte.

Dans la fabrication de MM. Isautier, tant pour la consommation locale que pour l'exportation, le *combava* entre pour une proportion d'un tiers.

Les autres crêmes sont :

Crême de vanille ;

Vangassaye ;

Bibasse ;

Curaçao ;

Noyau de bibasse, etc, etc.

Il serait à désirer que ces produits, aussi sains que délicats, fussent appréciés à leur juste valeur, afin de constituer un nouvel élément d'exportation pour la Colonie.

PARFUMS

L'industrie de la distillation des parfums est encore pour ainsi dire naissante à la Réunion et nul ne peut dire quel développement elle est appelée à prendre.

Si la consommation de l'Europe pouvait ne pas avoir de limite, la production de notre île pourrait se développer considérablement, car les plantes à parfums rencontrent sur tout son territoire des conditions on ne peut plus favorables tant au point de vue de la culture qu'à celui de la richesse.

Notre intention est ici de mettre en relief seulement les végétaux qui sont déjà l'objet d'une exploitation sérieuse, et ceux dont la culture n'attend, pour se développer, que la faveur des marchés.

***

Géranium

(Pelargonium odoratissimum)

Il n'y a pas plus de sept ans que le premier échantillon d'essence distillée à la Réunion fut présentée au commerce. C'était, si nous ne nous trompons, de l'huile essentielle de *Géranium* provenant de la propriété D. Arnoux, à la *Plaine d'Affouches*, environs de Saint-Denis. Mais ce n'est pas à cet habitant que revient l'honneur d'avoir eu l'idée d'exploiter la merveilleuse disposition du sol de cette colonie pour la culture des plantes à parfums ; le père de cette idée est Charles Frappier de Montbenoit, le savant et à jamais regretté botaniste que nous plaçons au nombre des enfants les plus distingués de l'île de la Réunion. Bien longtemps avant que personne n'y eût songé, son neveu Edouard Frappier avait été encouragé par lui à faire des expériences sur diverses plantes acclimatées dans la Colonie et sur d'autres végétaux indigènes.

Les premiers essais de distillation industrielle furent faits à Saint-Pierre par MM. Pévérelly frères ; encouragés par les résultats obtenus, ces messieurs ne tardèrent pas à créer une petite usine dont l'outillage, amélioré peu à peu par l'expérience, leur permit, le jour où l'essence de géranium trouva un placement courant, de travailler industriellement.

Leur exemple ne tarda pas à être suivi ; de vastes terrains dans les hauts de Saint-Pierre et à la Plaine des Cafres furent couverts de géranium, et des distilleries se sont construites les unes après les autres dans cette région de l'île, à Saint-Louis, à Saint-Paul, à la Plaine des Palmistes, à la Plaine d'Affouches, etc., et chaque jour voit se fonder un nouvel établissement.

Un fait que nous ne voulons pas tarder plus longtemps à mettre en relief, parce qu'il caractérise les qualités exceptionnelles que possède le sol de notre île pour la finesse de ses parfums, c'est que le prix de vente des essences de géranium de la Réunion s'élève en même temps que grossit le chiffre de sa production. Cela tient évidemment à deux causes : la première, c'est que chaque jour la qualité des produits est améliorée par l'expérience acquise ; la seconde, c'est que la parfumerie européenne reconnaît de plus en plus la supériorité des essences de la Réunion sur celles des autres pays producteurs. Il résulte de cet heureux état de choses que nos colons sont sûrs aujourd'hui du débouché de leur distillation, et que l'industrie prend chaque jour une extension dont la Colonie sentira bientôt les heureux effets, au moment où les producteurs de vanille souffrent beaucoup des bas prix de cet article, qu'écrase une production largement supérieure à la consommation (1).

Par la distillation du géranium, nous pouvons espérer voir l'aisance revenir dans certains centres de population condamnés à l'existence la plus misérable ; il s'élève des usines qui centralisent les feuilles de toute la région avoisinante et assurent à des prolétaires un bon rendement de leur culture.

La production de cette plante est, au surplus, très facile, elle demande peu de peine et se propage avec entrain en couvrant complètement le sol, ce qui supprime les soins et les frais d'entretien.

Le Géranium s'accommode de tous les terrains et la grande question est qu'il rencontre, dans les premiers temps de sa végéta-

(1) Depuis que ces lignes ont été écrites, le cours de la vanille a passé de 20 à 50 fr. le k. et au-dessus.

tion, assez d'humidité pour permettre aux racines de se constituer solidement. Si la plante est privée complètement d'eau dans cette période, la bouture meurt, mais une fois bien enracinée, elle subsiste dans les sols les plus ingrats et jusque sur les murs (1).

Le géranium se plaît à toutes les altitudes; les alluvions des plateaux du bord de la mer lui conviennent aussi bien que les plaines de l'intérieur, à 1,000 mètres d'altitude. Il faut remarquer cependant que, plus on monte, plus la plante acquiert de développement, mais il est reconnu que cette exubérance se produit au dépens de la teneur en huile essentielle : les feuilles sont plus aqueuses. Cependant telle est la richesse de la végétation, que l'industriel doit trouver dans un rendement plus grand en feuilles l'équivalent d'une richesse moindre en parfum. Tout est donc pour le mieux.

*
* *

L'expérience a démontré que l'altitude la plus avantageuse au point de vue de la richesse en parfum est celle qui est comprise entre 400 et 600 mètres au-dessus du niveau de la mer. Au-dessous de 400 mètres, dans certaines localités, il y a à craindre l'effet

(1) De visu, à Saint-Pierre.

des sécheresses qui entraînent la chute des feuilles et obligent à distiller en temps inopportun ; c'est là une observation digne d'être prise en sérieuse considération.

Rien de plus simple que l'extraction de l'essence de géranium. Il suffit d'entasser les feuilles dans la cucurbite d'un alambic ordinaire avec un tiers de leur poids d'eau et de chauffer, pour recueillir à la sortie du serpentin, une huile verte-émeraude qui, au bout de quelques jours, se dépouille d'une partie de la chrorophile qu'elle tient en suspension, prend une teinte plus claire qu'elle garde, lorsque l'opération a été bien faite et que le chauffage a été conduit de manière à éviter les *coups de feu*. Ces accidents sont à craindre lorsque l'on distille à feu nu. La nuance verte, un peu claire et limpide, est celle qui caractérise les meilleurs produits.

Certains distillateurs épuisent leurs feuilles en les faisant traverser, pendant trois heures environ, par un courant de vapeur ; nous pensons que l'essence obtenue par ce moyen doit être plus fine ; mais n'en fut-il rien, nous donnons la préférence à ce système, qui affranchit l'opération des graves inconvénients du coup de feu, lequel nuit considérablement à la qualité du produit et en cause souvent ce qu'on appelle la *saponification*.

L'installation usitée pour le travail par la vapeur permet d'épuiser la feuille dans de colonnes formées de plusieurs caissons cylindriques superposés et séparés les uns des autres par des diaphragmes percés de trous qui répartissent également la vapeur dans la masse; ces caissons s'élèvent à 3 ou 4 mètres et contiennent jusqu'à 500 kilog. de géranium qui sont épuisés en trois heures, ce qui revient à dire qu'un appareil de cette force épuise 1,500 kilog. de feuilles par jour; c'est tout ce qu'il peut faire, à cause de la nécessité de le décharger et recharger.

Tous les appareils qu'il nous a été permis de voir fonctionner sont chauffés au bois, même ceux que nous venons de décrire et qui sont alimentés de vapeur par une simple cucurbite. Notre opinion est que les planteurs de géranium auraient beaucoup à gagner en proscrivant la distillation à feu nu et en se servant d'un petit générateur de 3 à 5 chevaux, qui leur fournirait avec une grande économie de combustible de la vapeur à 3 ou 4 atmosphères, au moyen de laquelle le travail serait plus rapidement et beaucoup mieux fait.

Le rendement du géranium est variable suivant la qualité et l'âge, c'est-à-dire le degré de maturité de la feuille mise en œuvre. Dans la région moyenne, entre 5 et 800 mètres d'altitude, la plante peut fournir 3 coupes en 14 ou 15 mois; la pousse d'hiver étant plus lente, on ne peut obtenir ce résultat dans une année.

A partir de la seconde année, une plante bien venue peut fournir, à chaque coupe, 3 à 400 grammes de feuilles ; en comptant 100 pieds à la gaulette, soit 40,000 environ à l'hectare, on arrive à 14,700 kilog. qui donneront en moyenne, de 10 à 12 litres d'essence, suivant la perfection du travail. La feuille contient de 1 à 1,20 pour cent de son poids en huile essentielle, mais comme on est obligé de la cueillir avec la tige, la proportion du ligneux soumis à la distillation, ce ligneux ne contenant pas un atome d'essence, réduit le rendement à 0,60 à 0,75 pour cent du poids.

En calculant sur un prix de vente moyen de 60 francs le kil., c'est donc un revenu brut de 6 à 700 francs par hectare et par coupe, soit pour l'année moyenne : 700 × 2.50 = fr. 1,750. Ce chiffre, eu égard aux minimes frais de la culture, représente un revenu fort avantageux surtout si on considère que ce résultat peut être obtenu dans des terrains impropres à d'autres cultures plus rémunératrices.

Nous devons à M. Fournier, de Saint-Louis, un des distillateurs qui produisent les plus belles essences, quelques renseiments que nous tenons à consigner ici :

Le rendement du géranium est supérieur

du mois de mars au mois d'octobre exclusivement, et très notablement inférieur du 15 octobre au 15 janvier.

En moyenne, 1,000 gaulettes bien cultivées en géranium doivent produire au moins 15 kil. d'essence.

La teneur en huile essentielle varie de 0,65 à 0,95 0/00. En 1re coupe il obtient 0,74 à 76, en 2e, 0,95 ; exceptionnellement il a obtenu 1 kil. d'essence de 600 kil. de feuilles, ce qui est énorme.

Le moment de la cueillette est marqué par l'épanouissement des premières fleurs, la plante alors jeune encore, est dans toute sa puissance industrielle. Il faudrait craindre en exploitant plus tôt qu'elle ne repoussât pas bien.

Nous avons lu (1) que l'Algérie fournit de grandes quantités d'essence de géranium et qu'on y fait trois récoltes, comme à la Réunion, tandis qu'en France on ne peut en obtenir qu'une ; mais l'auteur ajoute que l'essence qu'on obtient en France est plus fine et rappelle bien mieux l'essence de rose, qu'elle sert à frauder, du reste, dans le commerce.

Au début, les habitants de la Réunion qui ont produit de l'essence, se demandaient à

(1) L. Piesse. — Des odeurs et des parfums.

juste titre s'ils pourraient lutter contre la concurrence de la grande colonie africaine ; cette perplexité a duré le temps nécessaire pour que les parfumeurs reconnussent la qualité supérieure de nos produits, et aujourd'hui, qu'il n'en est plus fait mystère par personne, tous les producteurs ont la facilité précieuse de vendre à livrer un et deux ans à l'avance, les produits de leurs exploitations. Rien n'est mieux fait pour donner du courage aux agriculteurs et de l'expansion à une industrie que de voir le commerce empressé à payer avantageusement les produits. Cet heureux état de choses, auquel nous assistons en ce moment, achèvera de donner à la culture du géranium l'élan qu'elle comporte.

***

Patchouly

Mais ce n'est pas tout, car la qualité supérieure de nos essences de géranium a éveillé l'attention des grands parfumeurs, qui se demandent à juste titre pourquoi une colonie qui produit un article aussi distingué ne jouirait pas de la même faculté par rapport à toutes les plantes à essence qui peuvent s'accommoder des conditions générales dues à son climat et à son sol.

Nous avons entendu le représentant d'une maison de Paris donner à plusieurs planteurs de chaleureux encouragements à la culture du *Patchouly*, dont l'essence trouverait preneurs à prix avantageux; il a suffi pour que cet encouragement fût donné, que l'on produisit sur le marché parisien quelques échantillons provenant d'essais faits déjà sur une très petite échelle.

Le patchouly offre-t-il la perspective d'une culture avantageuse à la Réunion?

Nous répondons hardiment: oui. Il est difficile de trouver une plante dont la culture soit plus facile et le développement plus rapide; elle s'accommode, comme le géranium, de toutes les altitudes, seulement elle réclame des terrains mieux choisis et des sécheries spacieuses. Nous ne pouvons malheureusement encore donner des renseignements précis sur la culture en grand du patchouly, personne ne l'ayant encore entreprise, mais on ne tardera pas à être fixé sur les avantages qu'elle offre à l'agriculture.

La richesse essentielle de cette plante est plus grande que celle du géranium, et on obtient par une distillation très facile, 875 gr. d'essence de 50 kilog. de bonnes feuilles; seulement, celles-ci ne sont pas employées à l'état vert, comme les autres: cueillies au moment de la maturité, il faut, avant de les passer à la distillation, les soumettre à la dessiccation *à l'ombre*. Nous avons l'intime conviction que cette colonie pourrait produire l'essence de patchouly dans les mêmes conditions de supériorité que celle reconnue pour le géranium.

Mais cette plante ne présente, malheureusement pas au petit habitant les avantages du géranium, parce que la bonne qualité dépend beaucoup de la dessiccation normale des feuilles, ce qui est une opération longue, coûteuse, et qui demande des bâtiments aménagés en conséquence.

*
* *

Vétyver

Il a été expédié de la Réunion, depuis quelques années d'assez notables quantités d'huile essentielle de *vétyver* ; poussés par la perspective des prix élevés dont il avait été fait mention, on s'était mis, un peu partout, à distiller les racines de *vétyver*, ce végétal étant abondant dans toutes les parties de l'île, et s'accommodant des sols les plus ingrats. La Colonie, stimulée par des résultats favorables, eût pu fournir de grandes quantités de ce produit, mais alors que les hommes les plus compétents côtaient l'huile essentielle de vétyver de fr. 800 à 1,500 le k. *suivant qualité* (1), les envois de la Réunion eurent la plus grande difficulté à être vendus, ou le furent à des prix très bas.

A quoi faut-il attribuer cette déception ?

A deux causes, selon nous :

---

(1) G. Heuzé. — Journal d'Agriculture pratique, *Le Vétyver*.

La première consiste dans la consommation restreinte d'un parfum d'une extrême puissance, qui est employé en infime quantité dans la formation des odeurs composées ; il est peu d'essences du commerce où il n'entre une proportion quelconque de vétyver, mais il en faut si peu, si peu, que la demande est très limitée.

La seconde, c'est la quantité des produits expédiés de la Réunion, et ici nous exprimons une opinion basée sur notre expérience personnelle. Aucune essence n'est plus difficile à distiller que celle du vétyver ; combien de personnes ont cru en avoir produit, et qui n'ont jamais obtenu qu'une sorte de confiture n'ayant de l'huile de vétyver que l'odeur, sans approcher des qualités requises.

La racine de vétyver, traitée dans les conditions normales, donne une huile *verte émeraude* au sortir de l'alambic ; cette couleur descend au *vert pâle* tirant un peu sur l'ambre, au bout de quelques jours. Jamais personne n'obtiendra cette qualité surfine, s'il est fait usage de l'alambic à feu nu, car l'huile de vétyver ne se volatilise qu'à une température très élevée, + 144° environ, et cette température ne saurait être obtenue dans un alambic à feu nu, sans accidents. Aussi arrive-t-il que la plupart du temps, l'essence de vétyver est recueillie *au fond* du récipient, saponifiée, d'une nuance marron fon-

En quittant Saint-Louis pour se rendre à Cilaos, la route en est bordée sans discontinuité depuis les bas jusqu'au plateau qui se trouve à près de 1,300 m. d'altitude. C'est dire que cette plante se plait partout.

La propagation se fait avec une facilité et une rapidité merveilleuses par les graines, par les tiges, et dans les bas, elle pourrait, de janvier à juin, permettre une coupe mensuelle.

Est-elle originaire de Madagascar, ainsi que son nom semble l'indiquer ? Doit-elle ce nom à ce que ses vertus balsamiques et fébrifuges ont été découvertes par les Malgaches ? Nous ne saurions le dire. L'étude botanique de cette graminée, son classement n'a été fait, à notre connaissance que par notre compatriote Camille Jacob de Cordemoy qui l'a baptisée *Andropogon fragrans*.

*
* *

Il serait à désirer que les échantillons d'huile essentielle de fataque malgache qui ont été envoyés à l'Exposition fussent, de la part des hommes compétents, l'objet d'une étude sérieuse, car il est difficile d'admettre qu'un parfum aussi énergique et d'une saveur si originale ne soit pas apprécié à sa juste valeur.

Nous avons espoir que le succès de ce produit attend son heure, et qu'elle sonnera bientôt, grâce à l'Exposition de 1889.

TEXTILES

ALOÈS

Il existe dans cette Colonie un nombre considérable de plantes textiles appartenant à des genres et à des familles différents ; elles furent étudiées par M. Delteil, le regretté directeur de notre Station agronomique, à l'époque où nous en avions une.

Plusieurs de ces plantes ont été l'objet de recherches industrielles fort louables, mais non couronnées de succès.

La seule qui soit l'objet d'une exploitation indurtrielle est l'*aloès*, qui occupe actuellement deux usines dans la localité du *Champ-Borne*.

Avant eux, des hommes d'initiative avaient constitué des usines sur divers points de l'île où il existait des aloès à l'état naturel ; mais soit que la machine dont ils disposaient alors ne fût pas à la hauteur de son rôle, soit plutôt que l'on n'eût pas calculé la quantité énorme de feuilles absorbées par cette machine, l'insuccès fut complet ; à notre avis, il faut l'attribuer à la faute commise par tous de ne s'être pas rendu compte de la nécessité d'avoir à l'avance des plantatious suffisantes servies par des chemins en bon état.

Les nouveaux industriels du Champ-Borne que nous avons cités plus haut, paraissent avoir évité ce danger et ont encore l'avantage de posséder des appareils perfectionnés.

*
* *

Nos Aloès

Les grandes et belles plantes de la tribu des *Agavées*, et de la famille des *Amaryllidées*, que nous appelons improprement *Aloès*, sont au nombre de trois espèces à Bourbon, comme à Maurice, et ce sont les mêmes ; car un 4e n° que l'on porte souvent au compte de l'île voisine, et qu'il est douteux qu'on ait jamais rencontré ici, se confond spécifiquement avec l'un des trois autres numéros.

On trouve toutes ces espèces à l'état sauvage dans les deux colonies. Il n'y a guère cependant qu'une des trois, chez nous du moins, qui puisse être considérée comme véritablement naturalisée ; et c'est aussi, croyons-nous, celle qui a le plus d'avenir dans l'exploitation industrielle à laquelle ces végétaux sont depuis longtemps destinés, dans des conditions variées de succès et de vogue. Les deux autres se montrent seulement çà et là, par taches qui dessinent encore les vestiges des anciens alignements où elles avaient été mises en terre, pour servir de haies vives. Circonstance facile à expliquer, en ce que l'une et l'autre plante, ne portant plus de graines fecondes, ont, pour unique moyen de reproduction spontanée, le développement de rameaux souterrains, à évolution de rhizome, qui viennent bourgeonner à la surface du champ. Il en résulte qu'elles sont comme immobilisées dans cette impuissance relative.

Au contraire, leur sœur privilégiée est *vivipare*, c'est-à-dire que, tout près de chacune de ses innombrables fleurs en clochette d'odeur douce, à l'état récent, on voit poindre un *bulbille* équivalent, comme on sait, à une petite plante complète. Dès lors, l'observateur assiste au fonctionnement d'un mécanisme des plus intéressants, au point de vue de la propagation de l'espèce. Les fleurs restent stériles, mais les bulbilles grossissent, se détachent de la plante mère à maturité et tombent par milliers, sur le plan incliné que présentent ces feuilles longues, creusées en gouttière, et rabattues d'elles-mêmes, à ce moment précis, comme sous l'impulsion d'une sorte d'instinct de la plante, pour verser toute cette nouvelle population encore embryonnaire d'aloès verts, sur le flanc des coteaux ou dans le lit des ravines.

Désignons maintenant nominativement chacun de nos *aloès*. Toutes les fois qu'on cherche à identifier des plantes sous ce rapport, il faut, quoi qu'on fasse, en appeler à la nomenclature scientifique, afin de se soustraire, dans la plus large mesure possible, au vague souvent inévitable, même avec cette précaution.

Voici donc les noms latins de nos espèces, accompagnés de la synonymie, et aussi de ces vieilles dénominations vulgaires, toujours précieuses à récueillir :

1. *Fourcroya fœtida* Haw.-Syn.: *F. gigantea* Vent. *Agave fœtida* L.-N. vulg.: ALOÈS VERT.

2. *Agave américana* L.-Syn. : *A. ramosa* Mœnch. — N. vulg. : ALOÈS BLEU.

3. *Agave angustifolia* Haw. ? — N. vulg. : CHOKA OU CHOUKA ?

N. B. — On voit que le ci-devant synonyme *Fourcroya fœtida* est devenu le nom fondamental de l'aloès vert, en tant que réglementaire aujourd'hui, pour la plupart des botanistes. Quant à l'espèce n° 3, nous l'avons présentée, hérissée de points de doute. C'est celle que nous avions le moins étudiée autrefois, ne l'ayant vue que par échappées, à distance et sans fleurs, à l'est de la jetée Milius à Saint-Denis, et à peine en quelques recoins de la partie du Vent. Peu importe cependant, car on y reconnait, à sa seule physionomie, le genre *Agave*, et l'identité entre notre plante et celle de Maurice nous semble garantie par l'épithète *Augustifolia*, tout à fait caractéristique pour ce petit aloès.

Enfin, ajoutons que nous avons entendu un grand nombre de personnes appliquer les noms vulgaires de Choka ou Chouka et de Kadère encore, aux trois espèces indifféremment.

Cela dit, nous n'avons pas besoin d'allonger ce travail de la description technique de nos aloès. Les noms vulgaires et, certes, éminemment pittoresques des espèces n° 1 et 2, vaut le signalement le plus complet, et l'hésitation n'est pas possible pour l'espèce n° 3, aux feuilles d'un vert un peu sombre, courtes, raides et très-étroites.

Le lecteur est donc entièrement édifié sur les moyens de les distinguer entre elles.

En ce qui concerne les qualités et la valeur de la fibre, l'expérience, déjà ancienne, prononcera de plus en plus, à l'avenir. Pour notre part, nous avons gardé le souvenir d'un essai comparatif par nous fait des espèces nos 1 et 2 seulement, à défaut du n° 3, qui nous semble, au surplus, peu constitué pour lutter, en rien, avec celles-là.

Nous avons reconnu que l'aloès bleu fournit une très grande quantité de fibres d'un blanc mat, nerveuses, mais grossières et crépues ; et que l'Aloès vert donne ce produit en moindre abondance, mais d'une grande force aussi, et spécialement d'un blanc lustré, droit, lisse et soyeux, au point de défier toute comparaison, pour les ouvrages où la finesse et l'éclat seront des conditions essentielles.

CH. FRAPPIER

*
* *

Cette note, nous a été fournie en 1882 par notre savant botaniste Ch. Frappier de Montbenoit. Nous sommes heureux de la reproduire dans ce volume comme hommage à sa mémoire vénérée ; Frappier, en nous honorant de son amitié, nous a fait aimer davantage notre belle Colonie, que personne n'avait étudiée et ne connaissait mieux que lui.

***

Le jus de l'aloès est fortement acide, il attaque le fer et le dissout rapidement, il faut employer pour le travail, la fonte, le bronze ou le laiton.

La feuille se compose d'un faisceau de fibres de longueurs différentes, qui partent toutes d'un tronc commun ou talon, et aboutissent, les plus longues à la *pointe*, les plus courtes à la moitié de la feuille.

Le rendement moyen en fibres sèches est d'environ 3 0/0 du poids de la feuille verte ; il est facile de se rendre compte du poids de matières à transporter pour alimenter une usine de quelqu'importance.

En supposant un travail donnant 300 k. de fibres sèches par jour, on aura à fournir 10 tonnes de feuilles vertes, soit pour un travail de 100 jours un approvisionnement de 10 millions de kilogrammes.

Il faut donc de grandes superficies de terres pour une exploitation de quelqu'importance. Ce sera là un obstacle au développement de cette industrie, et un obstacle d'autant plus considérable qu'il est un fait indiscutable, c'est que si on veut avoir de belles feuilles d'aloès, *il faut les récolter sur des sols riches* ; il y a de l'aloès partout à la Réunion, mais il n'y a de belles hampes que là où le sol est fertile ; partout ailleurs la plante est caractérisée par une couleur jaune qui correspond directement à la pauvreté de la terre. Or, la qualité de la fibre est en raison absolument directe de la beauté des feuilles.

M. Bouflet, l'intelligent directeur du laboratoire de recherches et d'analyses récemment constitué sous les auspices de la Compagnie Agricole et Sucrière, a démontré par l'analyse chimique que l'aloès prend au sol presqu'autant d'azote que la canne à sucre. C'est là le plus fort argument sur lequel nous puissions nous appuyer pour maintenir l'opinion émise ci-dessus.

⁂

LA RAMIE

La Colonie observe avec beaucoup d'intérêt le déploiement de généreux efforts en vue de résoudre le problème de la décortication de la ramie.

Elle a payé son tribut de recherches et nous allons rendre ici un hommage sincère à M. J. M. Raynaud (1), dont nous avons servi les travaux dans les colonnes de notre journal, le *Sport colonial*, en publiant, en 1881, le résumé de ses intéressantes études. Nous désirons que ces lignes, là où elles iront le trouver, soient pour lui la preuve que nous sommes toujours l'ami qu'il a vu sur la brèche à côté de lui.

Nous tenons d'autant plus à rappeler ces travaux que, sept ans après lui, c'est son opinion que fit prévaloir l'illustre Frémy, en démontrant que, seul, le procédé chimique pourra fournir des fibres parfaites de ramie.

Que de machines esssayées depuis dix ans !

Le dernier concours a encore mis en lumière le procédé Royer basé sur la décortication par la vapeur, sans machine.

Nous attendons patiemment la fin de cette course au clocher où, pour l'instant, c'est M. Lantsheer qui tient la corde ; mais nous avons l'espoir que c'est encore M. Raynaud dont le procédé était le plus simple.

Il est vrai que c'est peut-être la seule raison pour laquelle on n'a pu le prendre au sérieux.

Quoi qu'il arrive, le jour où la ramie pour-

---

(1) Pharmacien de 1re classe de la marine

ra être décortiquée à pied d'œuvre, c'est-à-dire en vert, au champ, l'île de la Réunion en produira dans les conditions les plus avantageuses.

***

LE THÉ

Le 20 février 1888, au moment où la Colonie envoyait en Indo-Chine un délégué de l'Agrilculture et du Commerce chargé d'étudier les moyens d'établir un mouvement d'échanges avec cette grande contrée, nous avons publié dans le *Sport colonial* l'article suivant qui résume complètement nos idées sur la question du thé, une des plus intéressantes pour le pays.

***

Le Thé

Parmi les questions de haut intérêt agricole sur lesquelles la Chambre d'agriculture a appelé particulièrement l'attention du délégué pour l'Indo-Chine, se trouve celle de la préparation du thé.

Ce n'est pas la première fois que nous avons occasion de parler de la culture de cet arbuste, qui s'est acclimaté dans nos régions élevées avec une facilité surprenante ; nous avons, il y a quelques années, publié un manuel de la préparation des feuilles, rédigé avec beaucoup de clarté et de précision par l'honorable et regretté M. Mazer, Conseiller à la Cour, d'après des notes prises par lui dans l'Inde et dans les factoreries des Nilgherries.

Avant cela, M. de Châteauvieux avait cultivé, cueilli et préparé le thé sur son domaine de Saint-Leu ; la réussite avait été complète, et son produit avait été trouvé de qualité supérieure.

Personne n'a jugé utile de suivre l'exemple du vénérable et savant agriculteur qui a travaillé toute sa vie à doter le pays de richesses exotiques.

Aujourd'hui et sur la louable initiative de Sir John Pope Hennessy, gouverneur de Maurice, voilà l'Ile-Sœur en voie de produire du thé, à la suite d'une expérimentation faite sérieusement, sans tergiversation sur les frais, complètement, en un mot.

Les plantations une fois faites à Curepipe par M. Vankeirsbilt, le Gouverneur a fait venir des ouvriers chinois, experts dans la préparation du thé, et dès la production de bonnes feuilles, ce qui ne s'est pas fait longtemps attendre, la démonstration fut faite.

Le thé quoique de préparation toute fraiche, a été jugé de très bonne qualité et l'élan est désormais donné, croyons-nous, chez nos voisins.

*
* *

Cet état de choses n'est-il pas de nature à stimuler tous ceux de qui il peut dépendre que la Réunion soit dotée de cette source incalculable de richesses ?

Certes, personne ne nous contredira lorsque nous dirons que notre île, par la régularité de sa constitution, et l'existence sur tout son pourtour d'une zone partout naturellement favorable à la culture du thé, présente des conditions bien plus larges à cette industrie, que Maurice.

L'arbuste se rencontre dans tous les jardins du Brûlé, de Saint-François, du Bois de Nèfles, dans les hauts de Saint-Paul, de Saint-Leu, de Saint-Pierre et partout.

Partout il ne demande qu'à couvrir le sol généralement inculte de ces régions, et voilà ce qu'il y a de plus précieux dans la perspective de cette production, c'est qu'elle ne déplacera en rien les autres cultures, et qu'elle emploiera une classe d'habitants pour qui le travail actuel des champs n'a aucun attrait.

L'arbuste du thé appartient à la variété qui présente la plus grande solidité sur pied ; il se rit des efforts de la tempête qui réussit à peine à lui arracher quelques-unes de ses feuilles si vigoureuses et si fortement attachées.

Tout concourt donc à nous pousser à des entreprises sérieuses, si les pouvoirs compétents voulaient bien en comprendre toute l'importance et agir vigoureusement en demandant des préparateurs qui feraient l'éducation des colons.

Qu'on se rappelle les débuts de la culture de la vanille et le temps perdu pour la fortune publique jusqu'au jour où un homme intelligent et pratique créa la premiere vanillerie, au pied du mont Saint-François, le vénérable M. Devilaine — Qui se souvient de ce nom ? Combien ont fait fortune avec le précieux parfum et ignorent que le véritable père de la culture industrielle de la vanille portait ce nom !

Eh bien, au point de vue économique, le thé présente des avantages bien supérieurs à ceux de la vanille : nous voulons dire que la culture du thé sera moins dispendieuse, moins aléatoire, et que le produit, par suite d'une consommation illimitée, ne présentera aucun risque de dépréciation, comme la vanille.

UNE HUILERIE AGRICOLE

Pourquoi agricole, dira-t-on ? Une huilerie constitue plutôt une industrie.

Rien n'est plus exact, et nous allons facilement nous mettre d'accord, si on veut bien admettre avec nous que l'agriculture a, de nos jours, cessé d'être un art ; elle est devenue plus qu'une science, car l'agriculteur est obligé de se chercher avant tout le résultat financier; elle est devenue une industrie, une industrie noble, attrayante et lucrative, et digne d'attirer à elle toutes les intelligences et les gros capitaux.

De toutes les définitions qui ont été données de l'agriculture, il n'y en a pas de plus exacte et de plus simple que celle-ci :

« *C'est une industrie qui a pour but, tout* « *en améliorant le sol, d'en tirer le produit* « *net le plus élevé.* »

Nous avons encore qualifié notre huilerie d'*agricole* parce que, alimentée par un produit du sol, le principe de sa constitution est dans le retour de tous ses résidus, les tourteaux, à l'enrichissement du sol par la fabrication des engrais. Il ne faudra pas en dire beaucoup plus pour faire deviner que nous allons parler d'une entreprise connexe à celle de l'usine des engrais du Butor, c'est bien cela en effet. La Compagnie des Engrais va monter un matériel perfectionné pour l'extraction de l'huile de pistache.

La pistache de terre, alias arachide, si connue, si populaire qu'il n'y a jamais de fête, de réunion publique, de soirée théâtrale sans que le sol ne soit jonché littéralement de ses coques. La pistache, dont tout électeur bien pensant ne doit pas manquer de se remplir les poches pour se rendre aux clubs; la pistache enfin qui produit tant et vient si bien partout dans cette Colonie, est importée en très majeure partie de l'Inde !

Bien rare, en effet, sont les champs portant des pistaches, mais cet état de choses va être modifié à partir de cette année, et c'est une bonne nouvelle que nous sommes heureux de porter à la connaissance des petits propriétaires, qui sont certains de trouver dorénavant le débouché de cette culture, si commode pour eux, et si productive par rapport à sa facilité et à l'exiguité des frais qu'elle nécessite.

Nous n'avons pas besoin d'entrer dans des détails pour faire savoir comment se cultive la pistache de terre, tout le monde sait qu'il suffit d'en déposer dans un trou une seule gousse pour obtenir une touffe qui couvrira quelquefois près d'un mètre carré de superficie et produira plus de cent fois, dans les bons terrains bien ameublis, la semence mise en terre. On dit qu'il a été compté jusqu'à sept cents pour une gousse plantée.

On voit du côté de l'Etang-Salé, des champs de pistaches de la plus belle apparence dans les plaines de sables mouvants et presque stériles qui caractérisent la région basse de cette localité. C'est une preuve que ce végétal est sobre, et qu'il se plait dans un sol bien ameubli.

Il y a donc lieu de recommander aux planteurs, comme opération principale, de remuer la couche meuble dans toute la mesure de leurs moyens d'action, et c'est ici le cas de regretter que la charrue ne soit pas dans toutes les mains, car le petit habitant, avec une vigneronne et un bœuf ou une vache, donnerait à son terrain la façon suffisante pour une culture rationnelle de la pistache, il enfouirait les engrais qu'il aurait la possibilité de lui donner, en vue d'une culture annuelle.

Nous n'avons pas besoin de démontrer que la culture de l'arachide n'est pas faite pour une terre argileuse, compacte, où le pic, quelque soit l'effort de l'homme, ne pénètre qu'après un grain de pluie ; le fruit délicat de la plante à besoin de s'enfoncer sous terre pour prendre tout son développement, car autrement les gousses restent vides et le rapport insignifiant.

Donc on peut prendre ses dispositions pour cultiver largement la pistache et afin que personne n'ait d'embarras, pour se procurer des semences fraîches, la Compagnie Agricole et Sucrière vient d'en récolter *vingt mille kilos* environ qu'elle tiendra à la disposition des planteurs.

On peut donc s'adresser à elle en toute sécurité, il y en aura peut-être assez pour contenter tout le monde en vue d'une première année.

Nous avons été assez curieux pour demander des détails sur la plantation qui a donné les 20 tonnes de pistaches ci-dessus, et de la meilleure grâce du monde, on nous a répondu que les semences (515 k.) avaient été payées à raison de 35 francs les 100 kilog. et que la plantation avait été faite au moyen d'un simple trait de charrue ; la superficie du champ ne dépasse pas 2,500 gaulettes ou tout près de 6 hectares, ce qui fait 3,335 kil. à l'hectare, 8 k. à la gaulette, en moyenne, et 40 fois la semence.

Plantées au mois d'août, les pistaches sont en magasin en avril, laissant le temps d'une culture intermédiaire de maïs, par exemple, avant la nouvelle plantation. En calculant sur le rendement ci-dessus et en admettant le prix moyen de fr. 25 les 0/0 k, c'est donc un revenu de deux francs par gaulette, ou 842 francs par hectare avec des frais insignifiants. Nous pensons qu'on trouvera là un emploi avantageux de toutes les terres légères du littoral.

Reste la question industrielle ; que fera la Compagnie des Engrais de toute cette huile ?

Espérons que cette préoccupation n'arrêtera pas les planteurs, car les huiles ont un emploi trop actif dans l'industrie du 19e siècle pour qu'on ait à concevoir la moindre crainte pour le débouché.

Maurice et la Réunion ne reçoivent-elles pas des quantités considérables d'huile de pistaches de l'Inde ? A quel prix de revient ? A la rigueur, la savonnerie a-t-elle cessé d'en absorber des quantités telles qu'il n'y a jamais eu encombrement de cet article sur le marché de Marseille.

Et les huiles soi-disant comestibles que nous consommons docilement, qui nous arrivent de la Métropole, sont-elles autre chose que le produit des arachides purifié par d'habiles industriels ?

Or, nous avons en perspective la possibilité de consommer enfin de l'huile excellente lorsque notre usine locale l'aura extraite de pistaches toutes fraîches. En effet, beaucoup de personnes croient de très bonne foi, du reste, que le type normal de l'huile de pistaches c'est celui qui se débite si salement dans la boutique du coin, et qui donne en brûlant une fumée nauséabonde, c'est une erreur. L'huile que l'on reçoit de l'Inde est extraite de la graine déjà rancie, ce qui se produit au bout d'un à deux mois ; si au contraire, on extrait l'huile de la graine fraîchement récoltée, et qu'on la mette, bien purifiée, en bouteille, non seulement on a un produit comestible très fin et d'un goût délicat, mais *elle ne rancit jamais*.

Espérons que nous en adopterons l'usage rapidement, et que Maurice fera comme nous.

Quant aux tourteaux, et ce sera là le principal but poursuivi par la Compagnie des Engrais, ils abaisseront le prix de revient des produits de l'usine en les améliorant, et rempliront ainsi le rôle demandé jusqu'ici à des matières beaucoup moins avantageuses sous tous les rapports.

(*Sport Colonial* de la Réunion, 7 mai 1888)

LA COMPAGNIE GÉNÉRALE

DES ENGRAIS

L'industrie ne saurait trop fournir d'engrais pour subvenir à l'impuissance de l'agriculture et la mettre à même d'en créer beaucoup à son tour.

DE SAINT-PRIEST.

Les engrais véritables sont le *principium* et *fons* de l'agriculture et leur augmentation par de bonnes méthodes doit être encouragée.

C. GIRAUD.

Tous les efforts du cultivateur doivent tendre à se procurer la plus grande quantité du meilleur engrais possible.

SOIGNEAUX.

La question des engrais est tellement vaste, difficile, complexe; elle est si souvent appréciée de travers pour certaines personnes, qu'il est nécessaire d'attirer l'attention des cultivateurs sur cette importante matière, afin de les éclairer sur leurs propres intérêts, et de les mettre à l'abri de la spéculation et de la mauvaise foi.

PHOCAS JEUNE,

Professeur d'Agriculture.

Voilà pourquoi nous avons tenu à clore ce travail en parlant de la Compagnie générale des Engrais du Butor.

*
* *

Jusqu'en 1878, les sucriers de la Réunion étaient à la merci des fabricants d'engrais européens. Or, il suffit de voir ce qui se passe en France de la part du Syndicat agricoles, dans le but de se garantir contre la fraude des engrais commerciaux, pour se faire une idée des déceptions auxquelles étaient exposés nos habitants, obligés de demander en Europe les engrais nécessaires à leurs plantations.

Il fallait accepter sans contrôle une marchandise payée d'avance, et attendre, anxieux l'effet demandé en faveur des plantations ; si cet effet ne répondait pas aux desiderata, on se désolait et on s'adressait à un autre fabricant, et c'était à recommencer.

C'est un état de choses si déplorable pour la production coloniale, état de choses auquel il faut attribuer, en grande partie, la lenteur avec laquelle s'est faite la conviction des planteurs sur l'efficacité des engrais chimiques, qui devait contribuer puissamment à motiver la création d'une fabrique locale d'engrais chimiques.

La science des engrais constitue l'une des branches les plus importantes de l'agriculture, et pour être bien comprise, elle exige un fonds de connaissances spéciales en minéralogie, en physique, en chimie, en physiologie végétale et en botanique, indispensables pour se rendre compte exactement de la théorie de la végétation, de la nutrition des végétaux et du mode d'action que les agents naturels exercent les uns sur les autres (1).

Ces qualités, les fondateurs de la Compagnie générale des Engrais les ont rencontrées, jointes à une expérience complète de la canne à sucre, chez M. Jules Gérard, le véritable père de cette création, dont l'administration est encore entre ses mains.

Dix années se sont écoulées depuis que l'usine du Butor à commencé à livrer ses engrais à l'agriculture du pays ; cette industrie devrait être la plus prospère de la Colonie, parce qu'elle répond à un besoin impérieux, qu'elle est constituée avec des capitaux créoles, et qu'elle travaille dans les conditions les plus avantageuses, tant au point de vue des formules employées qu'à celui du scrupule avec lequel ces formules sont appliquées.

---

(1) Rohart -- les Engrais.

En dix ans, l'usine du Butor a livré à l'agriculture 10,575,000 kilog. d'engrais pour la canne; c'est le tiers, à notre avis, du chiffre qu'elle aurait dû atteindre pour que la Colonie et l'industrie sucrière profitâssent bien des avantages qu'elle leur offrait.

Rien de plus bizarre que l'intermittence des accès qui frappent nos sucriers en face des engrais chimiques :

En 1878-79, ils consomment 1,078 tonnes, en 1879-80, ce chiffre s'élève à 1,145; en 1880-81, il tombe à 745. Employé à tort et à travers sur beaucoup de terres, le résultat des premiers essais de l'engrais n'avait pas répondu à l'attente de certains planteurs.

En 1881-82, relèvement à 968 tonnes: ceux qui ont bien travaillé sont contents, ils augmentent leur quantité.

En 1882-83, les livraisons passent à 1,348 tonnes et en 1883-84, à 1,548. Le succès est complet, les avantages de l'engrais du Butor sont induscutables, ceux mêmes qui n'ont jamais employé les engrais chimiques en achètent et lui rendent pleine justice.

Mais la situation des sucres en Europe est devenue si mauvaise, les cours sont tellement bas et les habitants de la Réunion ont une si petite notion de l'économie agricole, que l'on entend tenir ce raisonnement :

« Comment voulez-vous que nous mettions

de l'engrais dans nos terres, lorsque le sucre est à 15 francs?... »

Ah! voilà le grand ennemi de la *Compagnie générale des Engrais* : le défaut de principes agronomiques!

En effet, le raisonnement eut dû être, au contraire, celui-ci :

« Alors que le sucre se vendait 25 et 30 francs, nous pouvions faire de la culture sans engrais et nous contenter de rendements moyens ; mais au cours actuel, il faut que nous doublions nos rendements pour faire nos frais, et ce résultat ne saurait être atteint que par l'emploi des engrais. »

Ce mal de l'ignorance des principes, nous en souffrons beaucoup, nous en souffrirons longtemps encore, car l'enseignement de l'agriculture, que nous n'avons cessé de réclamer d'urgence depuis que nous tenons une plume, n'a pas encore fait un pas dans cette colonie. L'idée a certainement fait des progrès, puisque nous avons eu la satisfaction de lire dans le rapport sur le budget de la commune de Saint-Denis pour 1889, des considérations très judicieusement déduites de l'état économique du pays par notre ami Edouard Le Roy.

Mais que cela est peu de chose en face de ce que perd le sol colonial à voir l'instruction de ses enfants pousser leurs instincts hors de l'agriculture!

Sous l'influence des raisonnements dont nous avons parlé, en 1884-85 l'usine du Butor ne vend que 607 tonnes, en 1885-86 725, en 1886-87 465. En 1887-88 la position des sucres se relève, la consommation des engrais, avec elle, remonte à 750 tonnes, pour atteindre 1,200 en 1888-89.

***

La Compagnie générale des Engrais a inauguré au profit de sa clientèle un système fort louable, c'est celui d'une part de bénéfice attribuable au marc le franc, à ses consommateurs, sur chaque exercice.

Elle a de plus, par des combinaisons nouvelles, réduit dans une forte mesure le prix de ses engrais, qui peut défier la concurrence de quelques marques d'Europe consommées par un petit nombre de sucriers et par l'agence du Crédit foncier colonial en particulier.

Ces marques, dont la valeur est réelle, cependant, n'ont donné aucune preuve de supériorité sur celle du Butor ; la formule, basée sur les théories de Georges Ville, est sensiblement la même, et la canne y trouve les mêmes éléments favorables à sa végétation ; seulement, il est démontré par l'expérience que, si ces engrais exotiques donnent à la plante autant de vigueur pendant la première partie de son développement, leur effet se fait moins uniformément constater jusqu'à l'heure de la maturité.

L'assimilation des principes fertilisants nécessaires pendant une végétation constante de 18 mois doit se faire, sans jamais se ralentir, et proportionnellément aux besoins de la plante pendant tout ce temps.

Voilà l'avantage particulier et indiscutable de l'*Engrais Gérard*, nom qu'il mérite bien de porter, puisque c'est à M. Jules Gérard que revient tout l'honneur d'avoir réalisé, par l'emploi de matières premières de son choix, la solution d'un si important problème.

Voilà aussi pourquoi nous croyons que le développement de la fabrication de l'usine du Butor est loin d'avoir dit son dernier mot, et qu'elle défiera toute concurrence le jour où elle emploiera les tourteaux de l'huilerie qu'elle annexe en ce moment à son outillage, et qui lui permettront de puiser dans les ressources mêmes du pays une partie de l'azote, du carbone et des sels minéraux qu'elle demande à grands frais au dehors.

C'est une des institutions qui font le plus honneur à l'initiative créole.

DERNIER MOT

En mettant la dernière main à ce travail nous avons le devoir d'expliquer le retard apporté dans sa publication. Pendant les trois premiers mois de l'année, notre santé plusieurs fois ébranlée, ne nous a pas permis d'en suivre l'impression, et récemment encore un malheur de famille est venu la retarder.

Sans prétention à avoir produit une œuvre digne de grande attention au point de vue de la forme, nous la terminons avec l'espérance d'avoir courageusement fait, en répondant de notre mieux au désir du Comité central d'Exposition, œuvre de quelque utilité pour notre Pays.

E. D.

20 mai 1889.

Table des matières

Typ. Gaston Lahuppe et Cie.

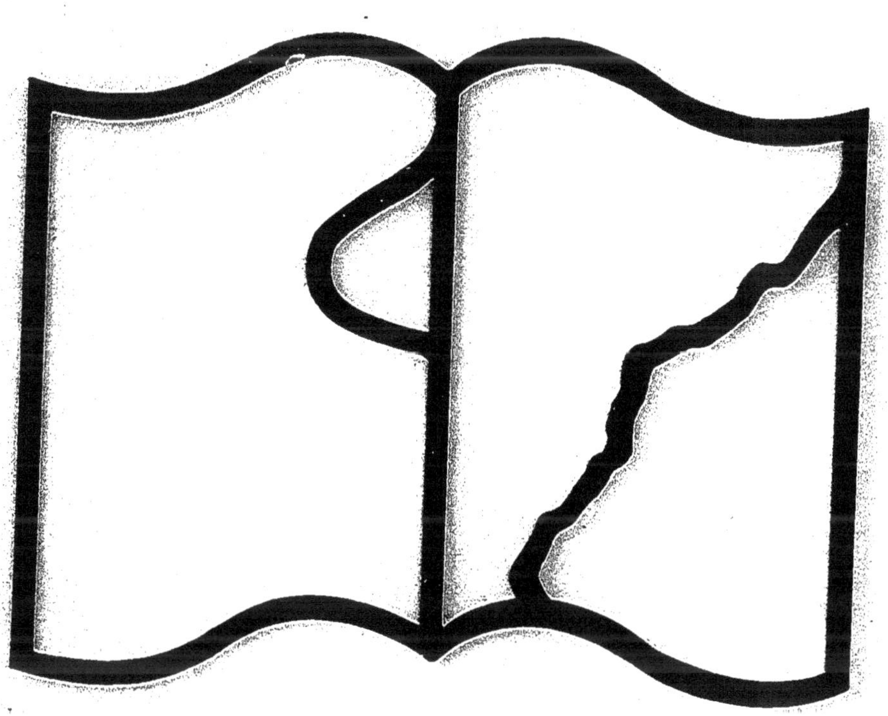

www.ingramcontent.com/pod-product-compliance
Ingram Content Group UK Ltd.
Pitfield, Milton Keynes, MK11 3LW, UK
UKHW022048190726
13855UKWH00002B/438

9 782013 423694